Gábor G. Fodor

Orbán contra Soros

Cuatro décadas de lucha

Gábor G. Fodor

Orbán contra Soros

Cuatro décadas de lucha

BIBLIOTHECA HOMO LEGENS

BIBLIOTHECA HOMO LEGENS

Calle Nicasio Gallego, 9
28010 Madrid
91 005 35 54
www.homolegens.com

ISBN: 978-84-19349-92-7
Depósito legal: M-7668-2025

Traduccion: Zoltán Tóth
Diseño de cubierta: Álex H. Poles
Maquetación: Daniel Laks

Impreso en España - Printed in Spain

Obra publicada con el apoyo del Fondo para la Investigación de la Historia y la Sociedad de Europa Central y Oriental, traducida de *Orbán vs. Soros. Three chapters on the four-decade struggle between Orbán and Soros*, de G. Fodor Gábor.

ÍNDICE

PRÓLOGO

Este libro trata de dos húngaros de gran talento. Uno es varias décadas mayor que el otro, pero pueden considerarse contemporáneos. Sus trayectorias se cruzaron varias veces. Hubo momentos en los que parecía que podrían trabajar juntos. El mayor de los dos, György «George» Soros llegó a la política húngara en 1984, como un hombre maduro, extremadamente rico y en la plenitud de sus fuerzas, lleno de planes para transformar la sociedad. No tardó en llegar a un acuerdo con los dirigentes del estado unipartidista y lanzó la Fundación Soros que, desde entonces, se ha convertido en un nombre muy conocido en todo el mundo (yo misma fui una de las primeras becarias de la Fundación). El más joven, Viktor Orbán, irrumpió en la política húngara a finales de esa misma década, e inmediatamente se convirtió en el líder de las fuerzas que querían cambiar el régimen y en la encarnación de la esperanza de quienes querían una Hungría nueva y democrática. Soros vio inmediatamente un futuro en él y le apoyó con un viaje de estudios al extranjero. Podría haber sido el comienzo de una hermosa amistad.

No lo fue. Porque Orbán se dio cuenta muy pronto de que lo gratis es lo que más cuesta. Como parlamentario y presidente del partido Fidesz-Unión Cívica Húngara, dejó de aceptar el respaldo de Soros y renunció a su apoyo financiero para poder conservar su libertad de acción.

Sin perderse nunca de vista, durante años no se han cruzado de forma notoria para el público.

Pero en 2015, se trataba del futuro de Europa. En línea con las tradiciones nacionales húngaras y en defensa de su patria, del pueblo húngaro y del cristianismo, Orbán rechazó abrir las puertas de Europa a nuevos conquistadores de otras culturas, religiones y civilizaciones. Se dio cuenta de que Soros y sus organizaciones estaban detrás de la afluencia. Decidió desenmascarar el plan de Soros, enfocado en asentar a un millón de inmigrantes en nuestro país.

Así que le declaró la guerra a Soros que, en ese momento, era uno de los hombres más influyentes del mundo, con sus acólitos comprometidos en los gobiernos y parlamentos europeos, en lo más denso de la política estadounidense, en las organizaciones internacionales y en las ONG que financiaba y que, para entonces, ya se habían extendido por todo el mundo. Orbán ha expuesto la cara de Soros en carteles publicitarios en Budapest y en toda Hungría. Ha dejado claro a todo el mundo quién es ese personaje en realidad y lo que trama, lo que planea contra Europa y contra nuestro país. Ha quitado el velo de la multitud de políticos y organizaciones civiles y benéficas que controla y financia, así como de los expertos y profesionales mediáticos faltos de objetividad que están a su servicio.

Para esto, Orbán necesitaba y necesita enorme coraje, determinación y perseverancia inquebrantable: la guerra entre Soros y él aún continúa.

La lucha que mantienen se ha convertido en un asunto personal para cada uno de ellos.

Como Soros y sus organizaciones se han extendido por todo el mundo y trabajan por los mismos objetivos —o sea, para hacerse con el poder—, los que luchan contra él observan a Orbán, que se ha encargado de derrotar al dragón por ellos y para ellos, con una mezcla de admiración y simpatía en todas partes del mundo.

El duelo entre Orbán y Soros se ha convertido en el frente principal de la política mundial. Por un lado está Orbán, que representa a los soberanistas y, por otro, está Soros, que representa a las fuerzas globalistas, homogeneizadoras e imperiales.

Soros se vale de todos los medios para derribar a Orbán y a sus seguidores. Pero desde que Orbán puso al descubierto no solo a él, sino también sus métodos, quedó claro para todos lo que quería.

Su nombre se ha convertido en algo notorio. Hoy en día es un nombre colectivo para designar los esfuerzos globalistas, imperiales y represivos que vienen de fuera: Soros. Se ha convertido en una de las personas más despreciadas del mundo.

Este duelo hizo que Orbán fuera conocido, reconocido y popular en todas partes.

Una estrella mundial.

Pero la guerra continúa.

El libro de Gábor G. Fodor trata sobre este duelo. Arroja luz de forma concisa y accesible sobre los objetivos, las razones y las divergentes visiones del mundo que los sustentan.

Sobre la lucha entre un patriota y un ciudadano del mundo, por nuestro futuro.

Mária Schmidt

La mejor forma de expulsar al diablo,
si no se rinde ante el texto de las Escrituras,
es mofarse y no hacerle caso,
porque no puede soportar el desprecio.

Martín Lutero

2017

Este es el segundo año más cálido registrado desde que comenzaron las mediciones globales. Aquí, después de la primavera, también el verano es más caluroso y algo más seco que en años anteriores. La temperatura media está casi a dos grados por encima de lo normal.

Este es el año en que el cantante del éxito mundial *Lambada* es asesinado en Brasil. En Hungría desaparece, presuntamente asesinada, VV Fanni, exestrella de un programa de telerrealidad.

Europa se estremece ante los ataques terroristas. Se repiten en serie los atentados: en el concierto de Ariana Grande en el Manchester Arena, en Londres, Estocolmo y Barcelona.

Y hablando de atentados... Donald Trump, 45º presidente de los Estados Unidos de América, toma posesión a principios de año. Se pone en marcha el Brexit. Y, en julio, aparecen carteles gigantes en todas partes de Hungría. En ellos se ve a una persona mayor con un texto al lado: «No dejemos que Soros ría el último».

Todo el mundo tiene la sensación de que éste va a ser un verano aún más cálido de lo habitual.

I.
TIEMPOS DE BARBA DE TRES DÍAS

1806

Justo entonces.

Cuenta la leyenda que el mismo día en que Napoleón derrotó a los prusianos y entró triunfante con sus tropas en Jena, el gran filósofo alemán Hegel estaba trabajando en las últimas páginas de su obra magna (esas malditas fechas de entrega), totalmente ajeno a lo que ocurría en el exterior. Solo cuando una bala perdida se estrelló contra la ventana, haciendo volar fragmentos de cristal encima de la mesa sobre la que estaba encorvado ordenando su manuscrito, se dio cuenta de que a su alrededor se estaba produciendo la Historia. Salió al balcón de su casa justo cuando Napoleón pasaba por allí conduciendo a sus tropas a la ciudad conquistada. Se quedó completamente atónito al ver al espíritu del mundo, instrumento humano al servicio de la voluntad divina, condensando el mundo en un solo punto, una figura sobre un caballo. El filósofo observó extasiado al emperador cabalgando por su ciudad.

¿Qué tiene que ver con nuestra historia este filósofo alemán, que creció en un entorno familiar frío y con dificultades para hablar? Tal vez que incluso los más grandes pueden equivocarse.

Nuestra cultura no es unipolar. No podemos concebir el mundo desde una única perspectiva. Aquí está, por ejemplo, el Jano bifronte, capaz tanto de actos nobles como infames, que es, por tanto, como la propia civilización occidental: la incompatibilidad hipotética de dos hermanos enfrentados, con el bien y el mal anidando en las profundidades.

Uno de los principios básicos de nuestra cultura es que la cuestión del bien y del mal suele ser abordada por los que están del lado del bien. Porque, incluso en el mundo turbulento en el que vivimos, necesitamos la verdad. Pero, ¿cuál es la verdad? Si tu verdad es tuya, y mi verdad es mía, entonces estaremos encerrados en nuestras interpretaciones de lo que está bien y lo que está mal, y nuestras luchas por la verdad nunca terminarán. La historia no llega a un punto muerto.

¿Y si no existe un espíritu del mundo hegeliano, sino dos? Dos fuerzas mundiales en pugna, que al mismo tiempo se presuponen mutuamente. Dos posiciones intelectuales, dos visiones del mundo, dos posturas políticas. Y como encarnación de éstos, hay dos personas detrás de las cosas y, en ellos, en su duelo, se condensa el mundo en el que vivimos.

¿Y si estas dos personas —en las que, por así decirlo, se encarna el espíritu del mundo— resultan ser húngaras? Ambos son combatientes. A ambos les gusta hablar mucho. Cada uno cuenta su propia historia. Y el mundo siempre se sorprende de lo honestos que son los húngaros al hablar de sus propios pensamientos.

Vale, pero, ¿cómo sabemos que son los que hay que observar, y que lo que vemos es lo que es? Bueno es lo que es justo aquí y justo ahora... O, como dirán los historiadores: justo entonces.

* * *

Según Hegel, los imperceptibles y grandes acontecimientos de la Historia suceden por lo general en silencio (puede que en eso también se equivoque). Pero lo cierto es que, durante mucho tiempo, la oposición entre los dos protagonistas de nuestra historia apenas se podía notar y, es más, al principio parecía como si no estuvieran enfrentados, sino más bien unidos por intenciones y objetivos comunes. Sus encuentros también han sido esporádicos y ocasionales, y siempre se han desarrollado en un ambiente civilizado y educado. No hay rastro del conflicto irreconciliable entre ambos. Sin embargo, ambos encarnan verdades contrapuestas, aunque esto permanezca oculto como una historia política invisible, apenas perceptible y hasta ahora no contada. Pero como ambos representan lo absoluto a su manera; su enfrentamiento es inevitable.

Este libro narra la relación entre dos húngaros de excepcional talento a lo largo de cuatro décadas, y la de sus ambiciones, que se cruzan y se desbaratan mutuamente. La historia de un chaval oriundo del insignificante pueblo de Felcsút (Viktor) y de un joven judío húngaro nacido en Budapest que emigrará a Londres y luego a América (Soros). Uno de ellos se convierte en el primer ministro húngaro con más mandatos; el otro, en un banquero neoyorquino, quizás el multimillonario más poderoso del mundo, un estadista sin Estado. Estamos presenciando el duelo entre un mandatario político elegido democráticamente de forma repetida —y siempre por un amplio margen— y un especulador, no elegido por nadie, que es una amenaza constante para los Estados nación, otro verdadero «Número uno». Una lucha con probabilidades desiguales, a veces visible, a veces invisible, entre un país centroeuropeo que defiende su soberanía y un imperio mundial interesado en crear caos. La historia de un David y un Goliat modernos de finales del siglo XX y principios del nuevo siglo o, dicho de otro modo, porque ambos son húngaros, en el lenguaje de los cuentos populares: la historia del príncipe más pequeño y el dragón de siete cabezas, una historia que ocupará la imaginación del hombre por mucho tiempo.

1984

Éva fue a buscarle al aeropuerto, en qué otra cosa que un Trabant[1] 601 (el propio nombre del coche es revelador: acompañante, seguidor, secuaz). El hombre se dirigió hacia el coche con pasos ágiles y se subió al asiento del copiloto con entusiasmo. Acababa de volver de América y tenía ganas de llegar pronto a su alojamiento. La chica se acomodó en el asiento del conductor y, de repente, se agachó entre las piernas del hombre y empezó a manosear algo. El hombre no entendía qué se proponía. Y es que Éva solo quería arrancar el motor del coche. La única manera de poner en marcha aquel pequeño artilugio con carrocería de plástico termoendurecido, llamado duroplasto, era que el conductor abriera la válvula de paso de combustible, que los maravillosos ingenieros de la Alemania del Este habían diseñado para que estuviera situada en el espacio para los pies, delante del asiento del copiloto. Así que había que agacharse justo a esa altura para abrir o cerrar la válvula. El hombre murmuró para sí que eso no era posible. Que no era posible que diseñaran un coche así.

El hombre, llamado György Soros, rezongaba sobre el coche más vendido en el socialismo. No tenía ni idea de que el Trabant, tan deseado por todo el mundo, se fabricaba, para satisfacer el deseo de muchos por el lujo socialista y la diversidad, en sus variantes Limusina, Deluxe, descapotable, embrague automático y versión militar (este último era el modelo oficialmente llamado

1 Uno de los coches más comercializados en la Europa del Este durante la Guerra Fría, famoso por su diseño y construcción modestos, y por su bajo precio.

Kübel, que para la gente de a pie era el Tramp). Como tampoco podía imaginar que, en pocos años, todo ese tinglado se vendría abajo, el Trabant dejaría de fabricarse y este «pequeño milagro» se convertiría en el tesoro más preciado de los obsesionados coleccionistas de coches de época como símbolo de la caída del comunismo.

* * *

Estamos en 1984.

Un año igual que los otros. La gente y las cosas se mueven algo, pero no hay cambios significativos. Los que están en el poder abusan de él; los que están en la oposición, se oponen. Hay olor a mierda, y paz y tranquilidad. En la Unión Soviética entierran a dos secretarios generales en un periodo de dos años2,pero la estrella roja parece ser más perdurable que el bronce (*aere perennius*). Hay algo de nervios por el boicot de los Juegos Olímpicos de Los Ángeles por parte de los países amigos, pero lo cierto es que las cuatro medallas de oro de Carl Lewis en las Olimpiadas siguen siendo recordadas por muchos hasta el día de hoy, mientras que quién ganó el salto con pértiga en los juegos sustitutorios de los países socialistas (los llamados Juegos de la Amistad) en Kursk podría ser la pregunta del millón en un concurso. La canción Gina, de Dolly Roll, es el mayor éxito en las listas de la revista *Ifjúsági Magazin* (Revista Juvenil) y, además, tres canciones de Dolly también están entre las diez primeras. Nadie sabe si esto significa algo o nada. Al mismo tiempo, algunos sospechan

---

2 Yuri Andropov (noviembre de 1982 a febrero de 1984) y Konstantin Chernenko (febrero de 1984 a marzo de 1985).

que la publicación de la novela *Oscuridad al mediodía*, de Arthur Koestler, por la editorial clandestina Szabad Idő (Tiempo Libre) podría tener algún significado. También significa algo, quizás, que un primer ministro británico visitara Hungría por vez primera, en la persona de Margaret Thatcher, y que viniera también el canciller de Alemania Occidental, Helmut Kohl, aunque es señal de inmovilidad que visitara nuestro país el sanguinario general polaco Wojciech Jaruzelski. Hay estabilidad y tranquilidad. En medio de semejante estancamiento, da la sensación de que avanza a trompicones la construcción del socialismo. Se anuncian varias subidas de precios a lo largo del año, mientras que el Banco Nacional de Hungría pide cada vez más préstamos al Banco Mundial y al Fondo Monetario Internacional. Todo el mundo lo sabe ya, aunque no se diga: estamos endeudados hasta las cejas. La televisión y la radio siguen sin informar de todo lo que la gente quisiera saber y, por supuesto, la gente lo sabe. Según un sondeo de opinión de la época, la mitad de los encuestados afirma que la televisión, la radio y los periódicos siguen sin informar al público con suficiente honestidad. Pero, por otro lado, casi dos tercios de los encuestados afirman que, sobre todo, hay personas que no son lo bastante maduras como para que se les hable con sinceridad. *Sin comentarios*. En cuanto al consumo: armarios de estilo colonial, la fiebre por construir una casita de campo y el porno en cintas VHS traídas de contrabando del extranjero. Progreso. Es un placer que, tras ocho años de obras, los habitantes de Budapest por fin puedan hacer uso de los grandes almacenes Skála Metró, que la primera concursante húngara compita en el concurso de belleza Miss Europa en Viena y suba al tercer escalón del podio, que MOKÉP[3] abra su primer videoclub en Budapest y que pronto vaya a celebrarse la primera conferencia sobre sexología.

Orwell no se imaginaba un 1984 así...

Y, es más, ni en sus sueños más audaces hubiera imaginado que los comunistas dejarían venir a un americano rico y le permitirían apoyar a quien quisiera.

Se trata también del año en que se constituye el Comité de la Fundación MTA-Soros.

* * *

Nunca había habido tal cosa en la gloriosa historia del socialismo, y se decidió que tenía que haberla. Y «se decidió» quiere decir que fue presentado a Kádár y que Kádár dio su visto bueno. De modo que tuvo que suceder.

Pero, aun así, la cosa plantea algunas preguntas.

En 1984, la Unión Soviética está en su apogeo y dejan entrar a Hungría a un pariente emigrado a Estados Unidos. Es una pregunta muy interesante en sí misma: ¿cómo es posible que, a mediados de los años ochenta, los comunistas estuvieran de acuerdo con la creación en Hungría de una Fundación Soros (aunque fuera un comité mixto), que llevaba el nombre de un individuo imperialista, americano, sionista, y no sé qué más calificativos se merece, y que se le permitiera tener una fundación registrada en Hungría, cuando el derecho socialista no reconocía el concepto de la ley de fundaciones? Así pues, se constituye la fundación de un archimillonario americano, en colaboración con las estructuras

3 La distribuidora estatal de películas.

más altas del Partido. ¿Cómo es esto? O sea: ¿por qué en ese momento, por qué en Hungría y por qué justo Soros?

En algún momento, en 1983, suena el teléfono en la casa de János: «Hola, soy György Soros, le estoy llamando porque quiero que sea mi secretario». János Betlen, que entonces trabajaba en Radio Hungría y se ganaba la vida haciendo traducciones, tenía lazos de amistad con las figuras de la oposición liberal que, tras la entrada de Hungría en el FMI y el Banco Mundial, viajaban regularmente a Occidente, financiados por Soros. Mientras escuchaba a Soros, pensó: «Debe de ser la CIA, pero no importa. América es una democracia. Si quieren socavar lo que tenemos aquí, estoy totalmente a favor».

Y, ¿por qué justo Hungría? Quizá porque Hungría no es importante después de todo. Al fin y al cabo, a nadie le interesa Hungría. Está en la periferia de dos grandes imperios. Entonces, ¿por qué no puede ser un proyecto piloto, ya sea para los estadounidenses o los rusos? Si fracasa, uno u otro amortizará la pérdida. No es gran cosa.

Tal vez sea esto, tal vez sea otra cosa la que explica por qué Soros elige, para ser su representante personal, su hombre principal, el jefe de su fundación, a una persona que fue acusada en el juicio de Imre Nagy[4] y que luego está presente allí durante todo el régimen comunista. Un bolchevique, es más, un oficial de alto rango de la KGB. Se trata de Miklós Vásárhelyi. Sus amigos dicen que ha tenido una vida ajetreada y bregada, llena de mil experiencias, pero es encomiable que se haya atrevido

4 Primer ministro de Hungría en los tiempos de la revolución de 1956, ejecutado por los soviéticos en 1958.

a enfrentarse a sus propias debilidades y errores... bueno, es una forma de decirlo. Vásárhelyi nació en Fiume (Rijeka, en la actual Croacia), igual que János Kádár, que se convertiría en el líder de la Hungría comunista después de 1956; pero mientras que Vásárhelyi se crió en el seno de una familia burguesa, Kádár pasó parte de su infancia en una familia de acogida.

Nacieron con cinco años de diferencia, a menos de trescientos metros de distancia. Vásárhelyi tenía como lengua materna el italiano, era un apasionado de Roma y en los años 30 se convirtió en un acérrimo fascista. Luego se desilusionó con todo el asunto, dio un par de vueltas y se convirtió en un ardiente comunista. Más tarde fue el entusiasta lugarteniente de Soros en Hungría durante muchos años, hasta su muerte en 2001.

Este fue el hombre que llevó a Soros al Colegio de Estudios Avanzados Bibó István.

* * *

En realidad, no era ese su nombre, porque no estaba permitido llamarlo así. Con un gran espíritu de rebelión, los estudiantes lo llamaron Bibó en honor al jurista húngaro István Bibó, que soñaba con pequeños círculos de libertad, pero fue silenciado a la fuerza. Se denominó oficialmente Colegio de Estudios Avanzados de Derecho y Ciencias Sociales.

Vásárhelyi visitó varias veces a los chicos del Colegio y les contó que se había creado una fundación con la colaboración de un millonario estadounidense para apoyar iniciativas cívicas independientes. Soros vendría a Hungría en algún momento y, entonces, él lo traería al Colegio, porque para él podría ser interesante conocerlo.

Así sucedió, aunque puede ser que eso fuese ya en 1985.

Debía de haber treinta personas, o cuarenta, como mucho, en la sala del sótano donde se formaría Fidesz unos años después. Nadie sabía quién era ese tipo. Solo sabían que era un americano rico, con raíces húngaras, que quería hacer algo en Hungría.

Venían ellos dos. Vásárhelyi y Soros. Soros no tenía nada de pretencioso, aunque tampoco daba la impresión de ser un *aparatchik* (un burócrata de la Unión Soviética). Tenía aspecto de ser todo un caballero, con su chaqueta que reflejaba buen gusto y que contrastaba con los trajes grises de los camaradas del partido, al igual que con el atuendo habitual de los intelectuales húngaros, los jerséis y los zapatos trillados. No hubo ningún *hype* al respecto. No había un Mercedes negro en la calle ni guardaespaldas ni escolta. Estaba previsto que la reunión durara una hora, pero se alargó hasta dos horas y media. Soros no quería marcharse, se notaba que estaba entusiasmado.

Al marcharse, se deshizo en elogios a los alumnos ante Vásárhelyi: «Miklós: Eres un genio por haberme traído aquí». Quedó tan impresionado por la velada que decidió apoyar al colegio tal como estaba. «Esto es el futuro».

Viktor, uno de los universitarios más espabilados y listos, líder de unos pocos radicales que querían cargarse el mundo, y que ya habían puesto el Colegio patas arriba, no estaba allí esa noche.

Estaba enterado de que vendría a visitarles un millonario americano, pero no tenía la más remota idea de quién era el tipo. Prefirió irse a jugar al fútbol.

Eran tiempos de barba de tres días.

No solo porque Viktor tenía barba y una melena poco cuidada (el peluquero le cortaba el pelo casi al rape una o dos veces al año y después lo dejaba crecer a su antojo), sino también porque era una época heroica.

Viktor aun no conocía a Soros. Soros aun no conocía a Viktor (y, por tanto, no lo echó de menos aquella velada). Ninguno de los dos era conocido en el país. Todavía no sabíamos que dentro de unas décadas se necesitaría a Viktor para que supiéramos quién era Soros, y que haría falta a Soros para que el mundo se enterase de quién era Viktor.

Viktor apenas había cumplido veinte y Soros ya había dejado atrás los cincuenta. Un universitario insolente y rebelde y un corredor de bolsa insensible, con mucho dinero y poder, que iniciaban su activismo político más o menos al mismo tiempo.

Hubiera podido ser su primer encuentro. No lo fue. Pero allí empezó algo.

* * *

Soros cobró impulso.

Para 1989, el imperio Soros había enviado a Hungría 475... no, no tanques, sino fotocopiadoras. Aparte de que las fotocopiadoras de la época eran casi del tamaño de un coche, en la Hungría socialista una copiadora era un milagro y, por supuesto, una revolución. El régimen tenía pavor al pensamiento, a que se compartieran las ideas. Bastaba con introducir un folio con la idea en la máquina y, en unos instantes, ya tenías, digamos, treinta duplicados. Increíble. Los camaradas meneaban la cabeza. Donde había fotocopiadoras, las encerraban tras las rejas, echaban llave a la habitación y llevaban un registro de cada una de las páginas reproducidas. En el sistema socialista, una fotocopiadora era como la imprenta en la Edad Media: una máquina diabólica. Al igual que Lutero producía sus documentos clandestinos, sus samizdat, la oposición producía sus propios textos incendiarios. Entre marzo de 1517 y el verano de 1520, se publicaron unas trescientas setenta ediciones de los sermones de Lutero. Pero la máquina diabólica también podía utilizarse para fines diabólicos. La difusión de la imprenta también hizo posible la difusión del *Malleus maleficarum*, o Martillo de las brujas, que, para enfado del diablo, legalizó la caza de brujas[5]. Al igual que el *Doctor Fausto* de Christopher Marlowe debió su enorme éxito a la imprenta, a los lectores de la época les parecía totalmente verosímil que un erudito alemán vendiera su alma a Satanás a cambio de veinticuatro años de poder ilimitado y lujuria. Así pues, al igual que la difusión de la imprenta en los siglos XVI y XVII, la máquina Xerox sembró el germen de las ideas subversivas en el sistema socialista. Se reproducían invitaciones, programas, panfletos, libros y artículos hasta entonces silenciados, y que de este modo empezaban a fermentar.

Cuando la fotocopiadora de Soros llegó al Bibó, saltaron de inmediato las alarmas. El comité del Partido se personó allí. Querían verlo, porque no podían creer lo que había pasado. Dictaron un reglamento por el que aquella bestia endemoniada debía guardarse en una habitación cuidadosamente protegida con rejas, había que instalar cerraduras de seguridad, llevar un registro del número exacto de copias en un libro, quién copiaba y qué, cuántas copias y cuál era su contenido. Todo

5 *Martillo de las brujas*, publicado en 1486.

ello acompañado de la amenaza de expulsión inmediata para quien infringiera el reglamento.

Bueno, lo infringieron y no echaron a nadie. Se pidió amablemente al conserje que mirara para otro lado.

* * *

Además de la llamada provisión de equipos, otro arma nuclear del ejército de Soros fue el programa de becas. Hasta entonces, el sistema socialista no permitía que los jóvenes estuvieran expuestos a influencias capitalistas a una edad temprana. Soros hizo estragos en esta barrera psicológica.

Uno de los primeros estudiantes del Colegio en ir a Oxford fue József Szájer (seguido más tarde por Zsolt Németh y Viktor, de Fidesz). Y, ¿cómo son los húngaros? El puñado de húngaros fundó inmediatamente la Sociedad Húngara de Oxford. Tenían buenas razones para hacerlo. ¿Quién habría pensado que el primer estudiante documentado de esta famosa universidad había sido un húngaro? Nicolaus clericus de Hungária. ¡Vaya pueblo diabólico el húngaro! Están presentes en todas partes. Cuando Szájer volvió de Inglaterra, ya sabía cómo funcionaba una sociedad libre y pensó que era el momento de plantearse la pregunta: ¿es realmente imposible cambiar el régimen, aquí, en nuestro país? A partir de esta cuestión nació la fuerza motriz del partido Fidesz, que se formaría poco después: las oportunidades son siempre más fuertes que las dudas y, por escasa que fuera la esperanza, merecía la pena intentarlo.

Otros fueron a otros lugares: Attila Várhegyi a los Estados Unidos. Allí su guía, asignado por el Departamento de Estado estadounidense, fue un emigrante húngaro de Saint Louis, que les contó que tenía que escribir un informe sobre ellos todas las noches. A partir del mismo, elaborarían el perfil. Así eran las cosas.

Se abrían cada vez más oportunidades y fueron cada vez más húngaros. Sí, Viktor también fue a Oxford, pero solo pasó algo menos de cuatro de los nueve meses previstos en el Pembroke College. La política le hizo volver a casa.

* * *

Viktor es otra historia.

La verdad es que causó asombro desde el principio. Cuando tomaba la palabra y empezaba a hablar, todo el mundo le escuchaba. Cuando fue a Inglaterra, le visitó un equipo de rodaje y le invitaron a comer. Después de comer, tuvieron que admitir que no había sido Viktor quien había comido con ellos, sino que habían sido ellos los que habían comido con él.

Viktor era inteligente, valiente y feroz.

Y en el Colegio había otros chicos incontrolables. Pista (István Stumpf) no podía con ellos. Stumpf, el director del colegio, pensaba hacer carrera en el partido. El ministro del Interior era su suegro y los chicos no le facilitaban las cosas. Pero Stumpf siempre les cubría la espalda, en parte porque pensaba que había que civilizar a los salvajes, pues de lo contrario causarían problemas. Así que se los recomendó a János Gyurgyák, diciéndole que el trabajo intelectual, la edición de la revista, consumirían sus excesivas energías.

No las consumieron.

Los chicos se empeñaron en sacar un periódico llamado *Váltóláz* (Fiebre recurrente), que se convertiría luego en *Századvég* (Fin de siglo).

Pero los salvajes siguieron siendo indomables.

En una ocasión, Soros asistió a una clase que Stumpf impartía en la Escuela de Política Századvég sobre cómo debía vestir un político. Vino una modista y explicó las prendas que combinaban y las que no. Soros estaba sentado en el banco de atrás y meneaba la cabeza. No le gustaba nada lo que veía. Le gustaba esta gente justamente porque eran como eran y decían lo que pensaban. Y ahora venían a enseñarles a comportarse como los políticos occidentales.

Pero Soros no tenía de que preocuparse. Viktor sabía que uno podía obligarse a vestir traje y corbata, pero no podía maquillar su ser interior. Siendo ya un político consagrado a mediados de los noventa, habló sobre esto y dijo que las personas que son solo apariencia e imagen no tenían cabida en su mundo, no las toleraba en su entorno. Solo importaba el carácter, solo eso contaba.

Cuando estaban compilando la edición de la revista que enfocaba el tema de lo popular y urbano, decidieron que todo el mundo podía irse con su opinión a otra parte. También vosotros. Y todos, en definitiva. Haremos la revista como queramos.

Y esto pasó a ser el programa de Fidesz.

* * *

Lo de Fidesz es absolutamente una historia de hombres hechos a sí mismos. Aparecen diez, veinte o treinta chavales de la nada, se arremangan y labran su propia historia.

No solo no eran nadie en el sentido político, sino que la mayoría procedían geográficamente del fin del mundo. Viktor, de Felcsút: fue el primero de su familia al que le dijeron que, si hay trabajo en el huerto y una lección, la lección es lo primero. Viktor comprendió que se puede aprender todo y de todos. Si vas unos cuantos libros por detrás de los demás, lees los diez libros que te faltan. Estos no son problemas reales y se pueden aprender. Lo que no se aprende es el carácter y Fidesz era una comunidad que incorporaba a caracteres fuertes. Integraba a personas que venían de la nada en todos los sentidos, convencidas de que solo podían confiar en sí mismas.

Ellos fundaron la alianza Fidesz, lo que en sí es algo muy importante, porque la última vez que los estudiantes habían tomado la iniciativa en Hungría había sido en 1956. En aquel entonces, habían iniciado una revolución.

Y en ese momento se preparaban para cambiar el curso de la historia.

* * *

Y al fondo estaba Soros, haciendo de comadrona.

Soros apoyaba al Colegio, financiaba la revista *Századvég*, les regalaba becas. Viktor trabajaba en el Grupo de Investigación sobre Europa Central, financiado por Soros, mientras que su compañero de piso, Gábor Fodor (nada que ver con el autor), trabajaba en la Fundación Soros. Soros también patrocinaría al Fidesz. Este apoyo de Soros desempeñó un papel importante en la creación de Fidesz y su aparición como una fuerza política independiente. Con su ayuda, consiguieron comprar el primer coche del partido porque, hasta entonces, solo habían utilizado coches particulares: no un Trabant, sino un Volkswagen Golf azul oscuro.

Los chicos de Fidesz aún no sabían de qué iba el rollo. Lo único que veían era que Soros era un hombre muy rico que les daba dinero y no pedía nada a cambio. La actitud de Viktor y sus compañeros era que su generación estaba aprovechando una oportunidad, la de ser actores en la política húngara. Estos jóvenes se dieron cuenta de que esto no era algo que se pudiera aprender en un curso universitario, sino que requería experiencia, tiempo, dedicación para establecer relaciones, y que Soros les estaba ayudando a hacerlo.

Y la estrategia de Soros era que no tenía ninguna estrategia. Soros apoyó a todo el mundo, desde el ultraderechista István Csurka (Partido Húngaro de la Justicia y la Vida) hasta Viktor y la liberal SZDSZ (Asociación de Demócratas Libres). Soros iba de un extremo al otro. Tenía claro que había que apoyar a cualquiera que presentase un proyecto con sentido y no tratase simplemente de estafar dinero. Su intención era ganarse a personas que tuvieran el potencial de convertirse en actores importantes de la vida pública húngara en las próximas décadas. Pero aún no sabía por quién apostar, así que apostaba por todos y, mientras tanto, iba echando cuentas.

Cuando su secretario János Betlen le preguntó por qué había venido a Hungría, Soros le dijo que había calculado que un dólar de inversión en este país podía suponer una diferencia o, mejor dicho, un beneficio mayor.

Todo estaba contabilizado en el libro mayor. Claro, las Xerox fueron una revolución, pero no lo hizo por eso. Gastó dólares, obtuvo florines a cambio de las máquinas y no tuvo que ir al banco a cambiar dinero. Para Soros, el asunto de las fotocopiadoras era, ante todo, una cuestión de cambio, y Soros tenía experiencia en el mercado de divisas. Sabía muy bien cómo hacerlo. Ganaba incluso en esto. Soros no quería perder en nada, nunca.

* * *

A Soros le encantaba jugar al tenis. Su secretario le llevó varias veces a jugar en su Trabant. Betlen se dio cuenta de que Soros tensaba mucho las piernas: «Te da miedo que el *New York Times* saque la noticia de que el famoso multimillonario murió en una caja de plástico tras el telón de acero, ¿verdad?», le dijo una vez.

El partido de tenis también versaba sobre los temores de Soros. Se tomaba el juego muy en serio. Cuando la bola de Betlen superaba la línea de fondo, levantaba la mano, aliviado: «¡Fuera!». Se notaba a primera vista lo mucho que detestaba perder. Cuando su secretario se lo comentó, Soros simplemente dijo: «Escucha. El problema es que yo no soy capaz de perder. He ganado mucho dinero porque me duele perder, así que prefiero ganar».

Y Soros ganó. En le camino de vuelta, le dijo a su secretario, ya tranquilo y con expresión relajada: «Veo que te va bien con este cochecito».

Soros disfrutaba cuando las cosas marchaban según sus planes.

1808

Si las montañas se acercan...

Parece que los alemanes admiraban a Napoleón. Otro gran gigante alemán de la época, Goethe, autor de *Fausto*, también conoció al emperador. Goethe creía en las estrellas, el destino, los demonios y la predestinación. Según él, hay personas que traen buena suerte si las conoces y otras que traen mala suerte. A Napoleón lo incluía en el primer grupo.

Napoleón conocía el Werther de Goethe. Es más: era una de sus lecturas favoritas. Siendo oficial del ejército en Venecia, él mismo había sido víctima del sentimentalismo, pero se había curado de forma espectacular y, al igual que Goethe, había luchado con denuedo por subir al pedestal de la gloria. Goethe creía haber encontrado al genio en la acción, que consideraba un principio napoleónico, cesariano, y veía su encarnación en la ejecución de grandes planes.

Dos años después de la batalla de Jena, Napoleón recibió a Goethe en Erfurt para una audiencia personal. El gigante de la fuerza y la acción se encontraba con el sacerdote consagrado del arte y la poesía y, según la leyenda, se entendieron bien.

Dicen que, en un momento de la conversación, el emperador exclamó al autor de *Fausto*: «Hoy la política es destino».

Para Goethe, aquel fue uno de los días más hermosos de su vida.

1989

Hoy la política es destino. De eso iba 1989.

Si preguntas a cualquier húngaro qué ocurrió el 16 de junio de 1989, lo único que recordará es que en el nuevo entierro de Imre Nagy, Viktor ordenó a los rusos que se marcharan de Hungría. A hacer las maletas. Se acabó. El juego había terminado.

Fue entonces cuando el país entero, la opinión pública, la gente de los bares empezó a familiarizarse con el nombre de Viktor.

Parcela 301 (la parcela donde enterraron a los mártires de la Revolución de 1956 en el Nuevo Cementerio Público de Budapest). El sistema se estaba derrumbando, en presente continuo. ¿Cuándo? No hay un día oficial. Con las elecciones libres, en cualquier caso. Mientras tanto —sin ser exhaustivos—, el partido-estado se disolvía a sí mismo. El partido sucesor se hacía con el patrimonio. Muere Kádár y George Bush padre, presidente de Estados Unidos, visita Hungría. Ya hay varios partidos. Habrá una mesa redonda de la oposición, un referéndum, una procesión de la Santa Derecha después de 41 años y libertad para viajar, también para los alemanes del Este, porque los dejaremos pasar por la frontera occidental. O sea, *libertad*. Al mismo tiempo, estamos endeudados, e incluso admiten que mintieron sobre la deuda para que los inversores extranjeros no huyeran. Hay un letrero que reza «Las arcas están vacías». Se introduce el subsidio por desempleo, se abre la Bolsa de Budapest y se estrena la película *El Dorado*.

Fue un año muy ajetreado y todo sucedió muy deprisa.

A mediados de los ochenta, nadie habría pensado que se produciría semejante cambio en pocos años. Nadie habría imaginado que el derrumbamiento del sistema comunista era inminente. Tampoco lo sospechaba Soros. Pensaba que el proceso sería más largo. Ni siquiera tenía la intención de derribar el comunismo. Minarlo, socavarlo, sí. Derribarlo, no.

Tampoco es verdad que lo derribase él. Aunque se lo atribuyera a sí mismo y lo dijera, o lo creyera. Pero estaba firmemente convencido de que había triunfado. Hablaba mucho de cómo había conseguido grandes cosas con muy poco dinero, y se sentía orgulloso de haber vencido al Mal.

Porque era más listo que los comunistas. Decía con orgullo que colaboraba con ellos. Que los comunistas querían aprovecharse de él, y que Soros también quería aprovecharse de ellos. Según admitió él mismo, esta fue la base de la cooperación, de la que él fue el vencedor.

En la Nochevieja de 1989, ocurre algo sorprendente en el cabaré húngaro: en compañía de tres cómicos, Soros responde a las preguntas que se le plantean mientras pela patatas. «Pongas el pie donde lo pongas, el sistema fracasará en cinco años», le dice uno de ellos, y Soros responde: «¿Tanto va a durar?». Y el público se ríe.

Soros tenía la sensación de que había llegado, de que estaba en casa, de que el cambio de régimen se debía a él y de que era el dueño de todo. De que, sin él, no habría nada aquí. Aún no sospechaba que aquel chico que había hecho historia en aquella plaza ante cientos de miles de personas, y que para otros era quien había hecho cambiar el régimen, pensaría años después: «Si mandé a los rusos a casa, también mandaré al tío George a casa».

* * *

En 1989 le preguntaron a Viktor en televisión: «¿Deberíamos tomaros en serio?». Viktor respondió: «Totalmente».

* * *

Unos años más tarde, János Betlen, el exsecretario de Soros, le regaló a Viktor una extraña baratija por su cumpleaños. El llavero rojo número 301 del Centro de Vacaciones del Partido en Balatonaliga, con la inscripción: «MSZMP. Coca-Cola bien fría, marca registrada, refresca mejor».

Esto, no más, sobre 1989.

1990

En los años ochenta, todo el mundo ya estaba harto del comunismo. Casi todo el mundo podía explicar por qué no lo quería: «yo no lo quiero porque aquí no se pueden comprar unos vaqueros aceptables, no me dejan llevar el pelo largo y la música es una mierda». Después de la Unión Soviética, todo el mundo estaba especialmente harto de los rusos. En cambio, América era atractiva. Muy atractiva. Ruta 67, rocanrol, Coca-Cola. Luego permitieron retransmitir la serie *Dallas* en la televisión húngara. Pensábamos que la vida en América era así, que uno tenía una piscina o dos. Estábamos alimentando una imagen de ensueño sobre América.

Así que después de 1990, la Unión Soviética se derrumbó y aquí no quedó nada de ella, todo el mundo quería que todo fuese americano, y Europa Occidental estaba en ascenso. Vimos que había un nivel de vida muy alto, había libertad, había de todo. En 1990 había una sola tarea: parecerse a Occidente lo antes posible. Solo después de muchos, muchos años, quedó claro que Occidente estaba cambiando, y nosotros también. Tanto ellos como nosotros resultamos ser blancos móviles.

Pero Estados Unidos reconoció algo fantástico, con lo que finalmente vencieron a los rusos. Reconocieron que el arma más importante era la política blanda. No solo habían llegado los vaqueros, los refrescos tipo Coca-Cola, el McDonald's (el primer local abrió en Budapest en 1986), las películas americanas y la narrativa a prueba de idiotas sobre el bien y el mal; también llegó Soros.

De hecho, Soros era la personificación de la política blanda. La buena voluntad, la filantropía, el apoyo desinteresado y generoso a iniciativas inocentes, el fortalecimiento de la sociedad civil, la libertad, la apertura, la democracia y, por supuesto, la lucha contra las dictaduras malvadas. Soros era la batalla sin cuartel del bien contra el mal, y el cuento de hadas funcionaba. Soros compraba a los intelectuales, atraía a los bustos parlantes a su propio mundo, hacía ofertas generosas a cualquiera que estuviese abierto a ellas. Los intelectuales estaban agradecidos, no tenían que pensárselo, se trataba de objetivos positivos, se les daba dinero, caballos, becas, trabajo en las universidades, les iba de maravilla. Y el cuento de la filantropía ejercía sobre la gente la misma seducción que antes había ejercido *Dallas*.

Estados Unidos inventó a Soros, construyó una historia a su alrededor, tejió la red... y nosotros fuimos el proyecto piloto.

* * *

La vida de Soros está repleta de interrogantes. ¿Cómo consiguió el dinero? A su secretario le contó que, al llegar a Londres, había trabajado en un banco. Veían que se quedaba hasta tarde, tenía ideas sobre cómo hacer esto y aquello. Hicieron caso a sus ideas y le confiaron mucho dinero y, luego, algo más. El resto es historia.

¿Cómo consiguió el título? Seguro que no hizo el bachillerato. Salió de Hungría a los 17 años (en 1947), y obviamente no iba al instituto en los últimos años de la guerra. Incluso tenía previsto ir a la universidad en la Unión Soviética, porque pensaba que el comunismo era algo importante y quería entender cómo funcionaba. ¿Pero fue siquiera a la universidad? No se sabe. No se sabe cómo se graduó en la London School of Economics. Tampoco se sabe en calidad de qué asistió a las clases del maestro Karl Popper, si asistió a otros cursos, si se presentó a algún examen. Betlen estaba convencido de que, en realidad, Soros no tenía estudios.

Soros quería ser filósofo, pero tuvo que posponer ese proyecto porque antes necesitaba ganar mucho dinero. Bien pues, la vida es así. Ha escrito un montón de libros ilegibles (el primero en 1990, sobre la apertura del sistema soviético), pero no ha nacido nadie que los haya leído de principio a fin. Soros ha resultado ser un filósofo de pacotilla.

Y luego están los años de Estados Unidos. En 1969, fundó una empresa con un préstamo de 4.000 millones de dólares, que pasó a valer 100.000 millones en poco más de una década. Hubo años en los que obtuvo más del 100% de beneficios con sus fondos de cobertura. Esto es demasiado, incluso para un cuento de hadas. Obviamente, solo se puede hacer esto con información privilegiada, información de inteligencia, con empresas en paraísos fiscales.

Sin embargo, a Soros le gustaba hablar de sus enormes éxitos financieros. En todas partes y a todo el mundo. De que era un líder nato, un gurú, un mesías, incluso Dios mismo... Que era el que movía las fichas en secreto, el que utilizaba sus trucos financieros para cargarse divisas y economías nacionales (Soros atacó el franco francés, la libra esterlina, el marco alemán, especuló contra el bat tailandés y el ringgit malayo, atacó el rublo ruso y el florín húngaro, entre otros), y que con sus actividades políticas daba una patada en el culo a potentes dictaduras. Soros se veía a sí mismo como el Dios del Antiguo Testamento: «Invisible, benévolo, pero que todo lo ve». Cuando a este dios se le pregunta por casualidad por los detalles de cómo lo hace, su respuesta suele ser: «Solo recuerdo el futuro». Obviamente, esta es una respuesta más o menos plausible si no quieres entrar en contradicciones en tu propio mundo legendario.

De este modo Hungría se convirtió no solo en un proyecto piloto, sino también en un prototipo. Para 1992, la franquicia se había extendido a 22 países y, para 1993, a 31. Y hoy por hoy, hay una fundación u organización de Soros en casi 150 países.

Soros es, pues, sin duda, un Goliat.

* * *

Lo es incluso entre los especuladores.

Cuenta la leyenda que Soros se hizo millonario por su propio esfuerzo: no heredó la riqueza, sino que se convirtió en uno de los hombres más ricos del mundo gracias a su propio talento y esfuerzo. Sin duda es inteligente y tiene talento para ganar dinero, pero su propio esfuerzo es discutible.

Incluso él mismo admite que ha hecho fortuna mediante la especulación, los negocios turbios, la información privilegiada y los mercados no regulados. Tampoco le gustaba mucho pagar impuestos. Creó su fundación internacional, la Open Society Foundations, para optimizar un poco sus obligaciones fiscales. A lo largo de los años ha perjudicado a varias economías nacionales... ¡Así es la vida, qué se le va a hacer! Haber estado en guardia, señor.

Soros ha declarado en varias ocasiones, con absoluta seriedad, que el hecho de que la especulación pueda desempeñar el papel que desempeña —o sea, la destrucción— es culpa del sistema. La especulación es algo natural. Triunfa porque genera beneficios. Y los beneficios son el sentido definitivo de las cosas. La moral no cuenta. Porque si, Dios no lo quiera, uno tuviera alguna vez dudas sobre su manera de actuar, estas consideraciones morales limitarían su habilidad para obtener beneficios. Y esto es algo que uno no se puede permitir.

Las inversiones internacionales derriban fronteras y monedas, destruyen destinos humanos, pero esto no tiene ninguna importancia moral. En el mercado financiero, uno no puede plantearse cuestiones morales. Sería como luchar con las manos atadas a la espalda. La cuestión es qué tipo de persona se enfrentaría a qué tipo de preguntas. Los que generan dinero en los mercados financieros son anónimas. No tienen visibilidad, ni moral, ni nombre. Soros no existe. El que interviene, el que especula, el que busca el beneficio, el que destruye, no es Soros, sino un «anónimo»: un *Fantômas*. No importa quién sea. Si no lo hace él, lo hará otro.

Así que es mejor que lo haga él.

* * *

Saliva en la boca.

La saliva es un fluido incoloro, viscoso y de composición química variable, producido por las glándulas salivales de la cavidad bucal de los mamíferos, que protege la mucosa bucal de la sequedad y preserva los dientes de los microbios patógenos. En todos los casos, las glándulas salivales empiezan a segregar saliva en respuesta a un estímulo, y la composición de la saliva varía en función del tipo de estímulo. Los estímulos provocados por alimentos sabrosos en la boca se asocian a la salivación y secreción de enzimas digestivas, controladas por el sistema nervioso central. El traqueteo de platos o cubiertos, o incluso un objeto o el pensamiento de un alimento apetecible, pueden hacer que una persona hambrienta salive, debido a experiencias o recuerdos pasados.

En una entrevista, Soros llegó a afirmar que, cuando comienza a darse la situación adecuada, empieza a aguzar el oído y se le hace la boca agua. Se sentía destinado desde el origen a hacer negocios en un estado de anarquía: cuanto más caos, mayores beneficios.

* * *

Soros estaba muy preocupado por lo que ocurriría tras el cambio de régimen. De todos los países socialistas, Hungría era el que se encontraba en peor situación: bajo el régimen de Kádár, la deuda per cápita era, con diferencia, la más alta de la región. La inflación era alta, el nivel de vida había bajado, los salarios reales caían, el paro crecía a marchas forzadas incluso fuera de las empresas y, en aquel momento, no estaba muy claro cuánto era esa deuda de 21.000 millones de euros. Solo se sabía que era muchísimo. Hungría estuvo a punto de derrumbarse. El caos y la inestabilidad eran inminentes. Y a Soros le gustan este tipo de situaciones.

Así que aguzó el oído y se le hizo la boca agua.

Propuso hacerse cargo de toda la deuda pública húngara. A cambio, sólo pidió que le cedieran la industria húngara, es decir, la parte más valiosa de la riqueza nacional. *Business as usual*.

Pero József Antall, primer ministro húngaro libremente elegido, se resistió. Después, a lo largo de los años, Soros quiso apoderarse repetidamente del mayor banco minorista húngaro, el OTP. Quería comprarlo a precio de ganga y luego utilizarlo para financiar su universidad.

Pero el sucesor de Antall, Péter Boross, también se resistió. Se resistió, incluso, el jefe del Gobierno del MSZP[6]. Dijo que no dejaría entrar a un capitalista. Soros no soportaba a Gyula Horn por eso: «No se trata de eso. No me he metido en esto para que me fastidien los cálculos». Soros estaba cabreado.

* * *

Hungría fue el primer país utilizado por Soros para experimentar con su proyecto de construir una red que pudiera promover sus intereses personales de la forma más eficaz posible. Fue aquí donde desarrolló sus expresiones mágicas, tales como «igualdad de oportunidades», el «programa romaní» y la «violación de los derechos humanos», y fue aquí donde lanzó sus actividades filantrópicas, la compra de equipamiento hospitalario, el programa de distribución de leche en las escuelas, los diversos programas de becas. El objetivo era establecer su propia red, siguiendo pautas engañosas, aparentemente inocentes, implicando a personas que se dejasen convencer. Su estrategia consistía en apostar por todos, apoyar a todos los que se le acercaban y financiar a todos los que podía.

Pero algunos «iguales» lo eran más que otros. El ojito derecho de Soros era el SZDSZ, y esto es algo que está seria y profundamente arraigado en el subconsciente del Fidesz.

En Fidesz pensaban que el SZDSZ había sido favorecido. Lo interpretaban como una demostración de su propia fuerza. De haber recibido ellos ese apoyo,

6 MSZP: Partido Socialista Húngaro.

les habría tocado el gordo de la lotería y ahora estarían donde estaba el SZDSZ, o incluso podrían haberlo noqueado. Sin embargo, estaban llenos de una especie de orgullo desafiante por haber sido capaces de llegar a donde estaban gracias a sus propios esfuerzos.

Así que en el Fidesz había una especie de frustración inconsciente con el SZDSZ. Les molestaba la forma en que todo ese espíritu del SZDSZ se estaba trasladando a la vida cultural húngara, y les irritaba que estuvieran intentando hacerse con el dominio de la cultura húngara. El SZDSZ pensaba que aquí había por fin un campo de pruebas donde poner en práctica el radicalismo burgués de Oszkár Jászi, el político de principios del siglo pasado. Era pura lógica comunista: veían el país como un campo de pruebas y sentían que había llegado su hora. Que estaban exactamente donde debían estar: en un país devastado por el cambio de régimen, donde podían llevar a cabo su propio proyecto.

En cuanto a Fidesz, se sintieron atrapados en el juego del pavo tras el periodo de luna de miel. Al principio pensaron que serían Viktor y compañía quienes llevarían las cosas adelante (Antall y sus seguidores pensaban lo mismo; Csurka y su gente, también), pero luego se sintieron decepcionados. Así que aquí tenemos a estos lobos con piel de cordero descarrilando el proyecto. La historia fracasaría por culpa de Fidesz. No por culpa de los poscomunistas, sino por Viktor y sus seguidores.

Desde el principio, el Fidesz corrió el serio peligro de ser devorado por el SZDSZ. Decían que, si el SZDSZ era un gusano, el Fidesz era su cola. En particular, fue Gábor Fodor, compañero de habitación de Viktor en el internado, quien argumentó que había que formar un bloque liberal, porque la política de Antall no tenía remedio. En concreto, el impulso, la fuerza y la popularidad de Fidesz deberían combinarse con el nivel de organización del SZDSZ y la ficción de que eran ellos los que habían «llegado», lo que, por cierto, tenía una gran importancia para el electorado. Pero desde el punto de vista de Viktor, se trataba de renunciar a la independencia del partido. Por eso interrumpió su estancia en Oxford con una beca de Soros. Tenía que volver a su país para poner orden en Fidesz y evitar que se uniera al SZDSZ.

Viktor siempre ha sido partidario de mantener la autonomía del partido frente a todos. Ha dicho varias veces a sus amigos que podrían decidir vender el partido, por así decirlo, y luego ir aquí, allá y acullá y decir que ese es su precio, pero que él no se los aconsejaba, porque solo podían mantener su integridad si no se comprometían con nadie. Para Viktor, también era evidente que en la relación con Soros no había que ser tímido. Había que aprovechar las oportunidades, pero, por lo demás, ninguno estaba en deuda con el otro. Esa era una posición escandalosa. El SZDSZ, que sí estaba en deuda con Soros y había hecho el trato faustiano, siempre decía que los de Fidesz eran unos desagradecidos. Viktor y su gente ni siquiera entendían por qué debían estar agradecidos.

Soros decía que todo el mundo tenía un precio, pero Viktor no estaba en venta.

1862

Es el año de la publicación de la obra de mayor influencia en la dramaturgia húngara, *La tragedia del hombre*[7].

En ella aprendemos que el diablo siempre nos acecha. Se presenta bajo distintas formas, pero siempre a imagen del bien. Esto es un hecho. Así que el diablo es el gran timador, pero la tela que lo cubre se rasga y es Lucifer quien emerge de debajo.

Esto ocurre todo el tiempo en la historia, y probablemente sea correcto.

¿Qué hace Dios?

Dios dice que gobierna con mano firme lo que hay que gobernar. Deja que la gente decida muchas cosas. Si deciden bien o mal, es asunto suyo.

Porque Dios ve lo que hace el diablo (podemos llamarlo el mal que hay en el hombre, el maleficio o lo demoníaco), y tiene que gobernar el mundo de alguna manera, y siempre encuentra, porque tiene que encontrarlo, algún recurso para contrarrestarlo.

Porque sabe que siempre tiene que luchar contra el diablo.

Siempre contra el diablo.

---

7 La pieza teatral más famosa en idioma húngaro, escrita por Imre Madách, en la que los personajes más importantes son Adán, Eva y el diablo, Lucifer.

1992

Viktor pasó seis semanas en Estados Unidos con una beca del German Marshall Fund. Tras un curso de formación previa en Washington DC, se dirigió a Nueva York. Allí, junto con varias figuras de primera línea del Fidesz, mantuvo conversaciones serias con destacados funcionarios estadounidenses, un gran logro para un pequeño partido de «un país que no sé dónde está, no te lo puedo señalar en el mapa», y fue entonces cuando Viktor conoció por fin a Soros.

Las oficinas de Soros en Nueva York se encontraban en Columbia Square, en la esquina de Central Park, el centro del mundo globalista. En lo más alto, el último piso era de Soros, y allí es a donde invitaba a los chicos de Fidesz. Para Viktor, fue como cuando el diablo tentó a Jesús y le dijo, «aquí está el mundo a tus pies, helo aquí, puedes tenerlo». Viktor miró hacia abajo desde el sexagésimo piso y allí estaba el mundo. Soros alabó lo bien que estaban luchando en Hungría y que, si seguían así, sería un éxito (Fidesz lideraba las encuestas por un amplio margen, con un 40% en ese momento, y debían estar preparándose mentalmente para gobernar). Soros también dijo que le gustaba mucho lo que estaban haciendo Viktor y su gente, y que por eso había decidido pagarles, a partir de ahora, todos los gastos necesarios para asegurar la victoria. Esa fue la oferta.

Así que Soros intentó hacer un trato con el que descollaba como el ganador más probable. Por supuesto, los de Fidesz se lo tomaron como un elogio, pero Viktor también intuyó que aquello iba a traer problemas. Obviamente, Soros quería ejercer su influencia en el próximo gobierno, porque su problema era justamente que no la tenía en el gobierno de Antall. Y entonces, en este aprieto, a Viktor se le ocurrió la idea de decir que «está muy bien que haya hablado tan favorablemente de nuestro trabajo, pero tenemos tanto éxito en el país que estamos rebosantes de dinero, lo tenemos todo, no necesitamos ni un céntimo. La gente nos apoya tanto que no necesitamos financiación adicional; si alguna vez la llegamos a necesitar, estaremos encantados de aceptar su generosa oferta». Con esto, Viktor desarmó a Soros.

Ya estaban bajando por el ascensor cuando Szájer se encaró con Viktor: «¡Pero Viktor, estamos a dos velas, no tenemos un duro, y Soros nos habría dado dinero!». Viktor replicó: «Pero, ¿qué habría pedido a cambio? Créeme, József, nadie da nada a cambio de nada».

Viktor estaba en lo cierto. Sabía muy bien que nadie puede recibir dinero sin tener que devolverlo. O, dicho de otro modo: si aceptas el dinero de Soros, tienes que aceptar sus condiciones. Aquello era inaceptable para Viktor. Lo más importante en política es la autonomía, la capacidad de decidir por uno mismo. Cualquiera que renuncie a esto está renunciando a sí mismo. Viktor sintió que, esta vez, Dios había resuelto el problema.

Viktor también sabía a ciencia cierta que, tras la tentación neoyorquina, Soros le había incluido en su lista de enemigos, pero fue lo suficientemente listo como para decir: «¡Yo tampoco soy tonto! Si alguien me incluye en su lista de enemigos, lo justo es que yo lo incluya en la mía». Y hay una página en su diario para aquellos que «han de comer el pan de la tristeza y beber el agua del miedo». Así que Viktor apuntó allí el nombre: George Soros. A partir de entonces, había dos cuadernos con dos listas y uno sabía a qué atenerse.

* * *

La reunión de Nueva York había sido para Viktor lo que una cena en Budapest debía ser para Soros.

Ya István Csurka había escrito su famoso ensayo (*Algunas reflexiones sobre dos años del cambio de régimen y el nuevo programa del MDF*[8], publicado en el Magyar Fórum el 20 de agosto de 1992), con el que se ponía sobre la mesa la amenaza del fascismo y se obligaba a los actores de la política húngara a elegir bando. Soros les invitó a cenar en el restaurante Kisbíró. El Kisbíró era uno de los locales pertenecientes a un chef de mucho prestigio, pero Viktor no lo sabía en aquel momento, porque aquellos chicos del Fidesz no tenían dinero para ir a esa clase de restaurantes. A día de hoy, si cierra los ojos, Viktor aún puede recordar cómo la cola de la perca se enroscaba en el gran cuenco. Durante la cena, Soros presentó su análisis de Hungría. Dijo que el fascismo era ya un peligro inminente. Que el Gobierno actual no era capaz de frenarlo, porque esta ideología ya había echado raíces en el partido que estaba en el poder, por lo que era necesario un golpe de timón en las próximas elecciones. O incluso antes, si era posible. Por lo tanto, había que abandonar aquellas reticencias de Fidesz hacia el MSZP, porque el SZDSZ, formado por mucha gente inteligente, ya se había dado cuenta de ello; de modo que sí, convenía colaborar con el MSZP. Solo el Fidesz seguía siendo tan radicalmente anticomunista. Solo Fidesz no podía ver más allá del pasado y del comunismo, y seguía sin comprender que existía un peligro aun mayor, por lo que, le gustara o no, debía

8 MDF: Foro Democrático Húngaro.

trabajar con los poscomunistas. Soros partía de la premisa de que había ganado la batalla contra la dictadura comunista, pero que si las cosas seguían así, perdería la batalla contra la dictadura nazi, y eso era algo que no se podía permitir.

Viktor y su gente estaban completamente indignados por la oferta, pero curiosamente no fue Viktor el más vehemente, ni siquiera László Kövér[9], sino Klára Ungár, que un año después se pasaría al SZDSZ. Simplemente mandó a Soros a freír espárragos. Le dijo: «¿Qué demonios crees que estás haciendo? ¡Estamos en política para eliminar a los comunistas! Vienes aquí y nos dices que nos enfrentemos al antiguo régimen. Esto no tiene sentido».

A Soros no le hizo la menor gracia. Pensó que había un peligro real de que volviera al poder el partido húngaro nazi Cruz Flechada[10]. Los disturbios de extrema derecha no solo estaban volviendo a Hungría, sino a toda la región. Así que los tres partidos de la oposición tenían que trabajar juntos, porque el Imperio del Mal ya se había unido del otro lado. Allí se enfrentaban dos mundos. Los que pertenecían a uno de los dos mundo debían situarse en un lado, y los que pertenecían al otro mundo debían situarse en el opuesto. Y fue entonces cuando, según la interpretación de Soros, Viktor se situó en el lado erróneo.

9 Miembro fundador de Fidesz y actualmente presidente de la Asamblea Nacional de Hungría.

10 En el poder en Hungría entre octubre de 1944 y marzo de 1945, durante la ocupación del país por la Alemania nazi.

Después de esto, no hubo encuentros durante mucho tiempo, y no los hubo porque, visto lo visto, ya no había nada que hacer.

* * *

Así pues, la confrontación no empezó con la inmigración, ni con 2015, ni con los carteles de Soros en 2017, sino mucho antes, en la época heroica, cuando los dos protagonistas de nuestra historia sintieron que el conflicto entre ellos era irreconciliable y las causas demasiado importantes para soslayarlas.

Al principio, parecía que Viktor y Soros estaban en la misma longitud de onda: ambos pretendían crear un mundo libre frente a una dictadura comunista. Viktor y los suyos luchaban por la libertad, por el derecho a la autodeterminación, por la soberanía nacional, por derrocar el sistema comunista, y Soros los apoyaba en ese esfuerzo. El archienemigo, los comunistas, tenían poder financiero; Fidesz no tenía nada, y ese era el enfoque desde el que veían a Soros.

Pero, lentamente, el tejido se fue deshilachando y dejó ver la realidad. Soros quería acceder al poder político, quería acceder a la riqueza nacional, y quería obtener beneficios. A Soros no le motivaba el deseo de fortalecer la soberanía nacional, sino algo totalmente distinto. Solo que los intereses y objetivos estaban recubiertos de una especie de almíbar engañoso: sociedad abierta, filantropía, libertades, etcétera. Viktor y sus compañeros, sin embargo, pertenecían a una generación que había sido, por así decirlo, inoculada históricamente contra este tipo de artimañas, e inmediatamente vieron la intención oculta detrás de las consignas biensonantes. Viktor fue tan valiente y clarividente que no solo quiso hacerlo, sino que fue capaz de decir no a la tentación. Vaya audacia. Se enfrentaban a una red mundial de fundaciones rica, poderosa y eficaz, con objetivos políticos abiertamente declarados, respaldada con todo su arsenal por el país más poderoso del mundo. Y había que decir no. No muchos han sido capaces de hacerlo.

Pero Soros también se ha espabilado. Soros habría apostado por Viktor, pero Viktor no apostó por Soros. Y esto tiene consecuencias evidentes: Viktor se convirtió en un obstáculo.

Soros lo intentó desde un lado y desde el otro, quiso acceder al poder político, pero nuestro primer ministro, Antall, el primero en ser libremente elegido, se resistió y le cerró el paso. Y Viktor siempre había tenido en consideración las acciones de Antall. El MDF no había dejado entrar a Soros, y el Fidesz se preparaba para ocupar el lugar del MDF en la política húngara, así que la disyuntiva entre cooperar o no con Soros se convirtió en una cuestión de identidad política.

Esto creó un discurso oculto que no se encuentra en ninguna parte de la historia de la política húngara.

No está escrito en ninguna parte, pero todo el mundo sabía, todo el mundo tenía en la mente que ellos eran los que servían a los intereses extranjeros y nosotros los que no. Desde el punto de vista de Viktor, esta era la línea divisoria que definía la política húngara.

* * *

Hubo algunos que colaboraron con Soros.

Soros tenía una fuerte presencia en Hungría. En un país pobre que apenas podía gastar lo indispensable de sus propios recursos en cultura, educación e investigación, Soros era el rey. Algunos buscaban su favor, le adulaban y, si hacían lo que les pedía, Soros les recompensaba. Los que se resistían, los que se obstinaban, eran marginados, amenazados, acusados.

El SZDSZ estaba agradecido. Este partido y sus adeptos eran los grandes beneficiarios del apoyo de Soros. A cambio, le dieron al rey lo que es del rey. Eran legendarias las llamadas cenas Demszky[11]. La llegada de Soros al Ayuntamiento solía ser como la llegada del rey Sol, recibido con humildad cortesana por sus súbditos, que escuchaban atentamente sus palabras y vigilaban sus pasos, no fuera a ser que tropezara accidentalmente en la alfombra roja.

Soros realmente sentía que este era su país, que en Hungría él era el rey.

No fue casualidad que trasladara aquí su universidad.

De hecho, uno de los proyectos más ambiciosos de Soros fue, sin duda, la creación de la Universidad Centroeuropea (CEU, por sus siglas en inglés) en Praga, en 1991, con el apoyo de Václav Havel. En un principio, Soros quería que la universidad se ubicara en Bratislava, y eligió como sede el edificio del futuro parlamento eslovaco. Pero los intelectuales eslovacos veían inaceptable que un edificio para ellos importante fuera propiedad de un multimillonario de origen húngaro. La elección fue finalmente a favor de Budapest, junto con Praga, pero con la desintegración de Checoslovaquia en 1993 y la elección de Václav Klaus como primer ministro checo,

11 Gábor Demszky, alcalde de Budapest desde 1990 hasta 2010.

se formó en Praga un gobierno que no simpatizaba con Soros y redujo radicalmente el apoyo estatal a la CEU. Soros tomó una decisión. En 1994, el cuartel militar de la CEU se trasladó entero, definitivamente, a Budapest y, con ello, todo quedó en su lugar.

La CEU era un centro de formación, un centro de perfeccionamiento para toda la región centroeuropea, un establecimiento elitista de formación de gladiadores para los futuros primeros ministros de la región. Soros pretendía que los primeros estudiantes recibieran aquí formación para ser primeros ministros, con la intención de hacer la transición necesaria en sus propios países. A todos se les inculcó que estaban allí porque tenían talento, porque eran mejores que los demás. Y allí es donde enseñaban todos los mandamases del SZDSZ, por sueldos incomparablemente más altos que los húngaros, ofreciendo un canal de socialización (y una narrativa) a los estudiantes de la Universidad de Soros. Solo era cuestión de ser capaz de identificarse con esa narrativa y, efectivamente, se seleccionaba a los que se identificaban con ella.

Sin duda alguna, en la universidad de Soros se practicaba un adoctrinamiento intensivo. Allí se inculcó a la gente la idea de que si los derechos humanos existían —y, efectivamente, existen—, debían tener prioridad frente a la soberanía nacional (obviamente, apoyar los derechos humanos era una postura internacionalista). La mayoría de los profesores de esta universidad creían que el nacionalismo era la causa de los conflictos en el mundo y que el compromiso nacional era algo dañino y maligno que había que superar. Por tanto, en aras de una mayor libertad, había que poner límites al poder absoluto de los estados nación. Era un deber moral abrir las puertas e intervenir para hacer respetar los principios de justicia. Porque si la pregunta era qué nos debíamos los unos a los otros, si había que apoyar a los desamparados del mundo o a los desamparados de nuestra propia comunidad, entonces la primera era la opción correcta. Para la gente de Soros, la comunidad natural no eran los estados nación, sino la humanidad. Sentían (así lo enseñaban y machacaban en la cabeza de los estudiantes) que las fronteras debían perder su significado y que el objetivo no solo era sustituir los gobiernos no democráticos por gobiernos democráticos, sino también sustituir los estados nacionales por instituciones internacionales y externalizar el Estado a los civiles. También formulaban una acusación moral contra la nación: el compromiso con el estado nacional, el etnorradicalismo, era la causa del mayor de los males: el antisemitismo.

El proyecto de antisemitismo de Soros consistía en profundizar y enraizar el concepto de nación culpable, con el objetivo de que los húngaros, los nacionalistas húngaros, no pudieran librarse de él, pasase lo que pasase en el mundo. Un odio insaciable era, pues, el programa de estudios, que presentaba a la Hungría de Horthy[12] como aún más culpable que los alemanes. Con inmensa determinación construyeron esta narrativa, que décadas más tarde sentaría las bases intelectuales de la cultura de borrón y cuenta nueva, y que brindó la oportunidad de desplegar una utopía según la cual todas las estructuras humanas en las que pudiera darse el mayor mal humano que se pueda concebir —es decir, los Estados nacionales— debían ser derrocadas,

12 Miklós Horthy, noble, militar y político húngaro, desempeñó el cargo de regente de Hungría entre 1920 y 1944.

vencidas y desmanteladas para crear un nuevo orden social en el que esto ya no pudiera ocurrir.

* * *

1992. Este es el año en que Soros lanzó un ataque descomunal contra una moneda nacional: la libra esterlina. Con cada hora que pasaba el 16 de septiembre, más y más ahorros de los contribuyentes británicos eran desviados a los bolsillos de Soros. En cinco minutos ganó lo que gana una familia estadounidense media con un año de trabajo. La especulación le reportó a Soros mil millones de dólares. De los beneficios del ataque a la libra esterlina, transfirió 250 millones de dólares a la CEU.

1992 fue un año excelente para Soros.

1944

Quizás el año más feliz en la vida de Soros. Él mismo lo dice. Son sus propias palabras.

Soros es un hombre mayor, que se acerca lentamente a los cien años, que sobrevivió al Holocausto aquí en Hungría. Confiaba en sí mismo y en su padre. Confiaba en que no le pasaría nada. Y no le pasó.

A pesar de su atrevida afirmación de que tal vez fue la época más feliz de su vida, podemos creer que lo que le ocurrió en Hungría en aquella época fue una experiencia verdaderamente decisiva.

El Holocausto le enseñó que el principio nacional es una amenaza. La experiencia histórica de los judíos centroeuropeos giraba en torno al hecho de que «no tenían patria». La nación y la comunidad local no les protegieron de las deportaciones, tuvieron que protegerse como pudieron. Descubrieron que tampoco podían confiar en la élite política local, que cada vez «se volvía más fascista». Además, los Estados nación no solo no protegieron a los judíos, sino que les allanaron el camino al infierno. El principio del Estado nación es, por tanto, un principio diabólico.

Estas experiencias tienen eco en las percepciones políticas de Soros, que, en realidad, están impulsadas por el miedo. Miedo al «hermetismo» de las naciones europeas con sus fundamentos culturales y comunitarios, y miedo a la élite política «irracional», principalmente de derechas, por supuesto, sin controles ni equilibrios. Así pues, el liberalismo globalizado y supranacional de Soros teme realmente dos cosas: a los gobiernos de derechas, porque son nazis —aunque lo nieguen—, y a la gente, que son salvajes y que, por sus prejuicios y racismo, en las circunstancias adecuadas se convierten ellos mismos en nazis.

Lo más absurdo de la ideología de Soros es que la democracia liberal (supranacional) debe protegerse tanto de la élite política como de los propios votantes. Este planteamiento sigue reflejándose hoy en las críticas a Hungría en las que coexiste la élite de derechas corrupta, fascista, nazi y el húngaro común y corriente, racista.

Esto explica por qué Soros, siendo judío, no siente simpatía por Israel, el estado nación judío, porque se basa en el principio nacional y, por tanto —paradójicamente— podría ser incluso «nazi». Sus propias organizaciones supranacionales son, a menudo, críticas con los dirigentes israelíes, lo que provoca el disgusto de Israel. Por otro lado, Soros es uno de los mayores financiadores de las ONG anti israelíes y anti judías, antisemitas, tanto en Occidente como en Israel. Incluso en el conflicto entre Israel y el Hamás, que estalló en 2023, Soros es quien organiza y financia las violentas protestas pro Palestina en casi todas las grandes ciudades europeas y las universidades liberales estadounidenses. Así que Soros es el diablo. No es casualidad que haya sido declarado *persona non grata* en Israel.

En cualquier caso, esto no impide que Soros juegue la carta del antisemitismo en su propia defensa. Cualquiera que ataque a Soros se convierte en antisemita. Y esa es una carta poderosa que puede con todo. No hay manera de defenderse de ella.

Es aquí donde Soros aprendió que, en circunstancias anormales, uno no puede atenerse a las reglas de la normalidad. Si lo haces, pierdes. Esto es algo básico en los negocios, y también en la política. Si no hay normas, todo está permitido y tú te conviertes en la norma. He aquí una regla muy importante de Soros.

* * *

Ese mismo año —que Soros califica como el más feliz de su vida— se publica un libro que ejercerá una influencia decisiva en toda la vida pública de Soros: *La sociedad abierta y sus enemigos*[13], obra ya clásica del mundialmente famoso filósofo judío, de origen austriaco, Karl Popper.

De ahí viene el nombre de Soros para su fundación y sus organizaciones: la sociedad abierta. De ahí viene la crítica a las sociedades cerradas (la aversión a los regímenes comunistas y nacionalistas), la formulación del objetivo deseado (la «democracia liberal» global y supranacional) y la justificación filosófica de los medios (intervención directa e indirecta) utilizados para alcanzarlo.

Hay una reflexión en este libro que explica la esencia del conflicto entre Viktor y Soros.

Aunque Viktor y Soros siempre han gestionado el conflicto entre ellos de forma civilizada y caballerosa, en realidad este enfrentamiento ha sido irresoluble desde el principio, y la implacabilidad se debe a esta única frase o pensamiento. Según el razonamiento de Popper, un hombre que piensa que su país representa algo especial y, por lo tanto, pone a su propio país en primer lugar, ya está estableciendo así una dictadura. Esto es en sí mismo una afirmación escandalosa. Puesto que tendemos a pensar que cada persona cree que su propio país es el

13 *Die offene Gesellschaft und ihre Feinde.*

mejor, el más importante o, si no lo es, que debe trabajar para que lo sea, esta frase es, de hecho, una antítesis antropológica. Esa es la posición de Soros.

Y Viktor está en la posición opuesta. En su opinión, Dios creó no solo a los hombres, sino también a las naciones, y está escrito que las naciones serán condenadas o glorificadas, es decir, juzgadas. Cada nación es un rasgo de la faz de toda la humanidad, que está hecha a imagen y semejanza de Dios. En otras palabras, una nación es algo sagrado, un valor por el que merece la pena luchar, y es bueno que este valor no se pierda nunca. Quien trabaja por ello es buena persona, y quien lo niega, mala persona.

Tras el enfrentamiento entre Viktor y Soros subyace, por tanto, un conflicto fundamental de profundidad antropológica y —por ende— metafísica. Por lo tanto, el conflicto entre ambos es insalvable: no se puede transigir, no hay posibilidad de reconciliación. Así pues, Viktor o Soros. O lo uno o lo otro.

En un sentido metafísico, o mejor, teológico, es como la lucha entre el ángel y el demonio, entre las fuerzas que protegen el orden de la creación y las fuerzas que lo subvierten. A los ojos de Viktor, Soros es el «gran disruptor». Y el «gran disruptor» es el diablo. Así se llamaba al diablo en la Edad Media, como también «Viejo Caballero». Según Viktor, todo lo que es importante para la gente como nosotros, todo lo que sirve para unir y construir, es malo para Soros y debe ser desbaratado y roto, y él hará todo lo posible para conseguirlo.

Si piensas en tu vida y te planteas la idea de morir en algún momento habiendo atesorado algunas creencias, Soros te dirá que todo eso no tiene sentido. No tiene sentido creer en nada, y el único sentido de tu vida es vivir una vida agradable. Buscar en ella un propósito o un sentido superior es un disparate. Por eso quiere despojarte de tu identidad, porque todo propósito o sentido superior se deriva de tu identidad. Si resulta que eres un hombre, entonces tienes una misión, en el sentido de que tienes una mujer, tienes hijos a los que quieres y cuidas, es decir, el hecho de que hayas nacido hombre significa algo en la vida. Nacer húngaro es una vocación, una misión, una tarea. Hemos nacido aquí y hemos de cumplir la tarea que el destino nos ha encomendado. Es un deber moral preservar, fortalecer y llevar adelante en este lugar una civilización milenaria, construida en la lengua húngara y basada en las tradiciones húngaras. Y si, además, eres seguidor de Jesucristo, construir el reino de Dios también es una tarea para ti.

Pero lo que Soros está diciendo es que ser hombre o no serlo no tiene importancia. Porque el hecho de que hayas nacido siendo húngaro es irrelevante y Dios hace tiempo que murió o, sencillamente, no existe. Eso es todo, y punto. Todo lo que Soros defiende se resume, en última instancia, en una corriente intelectual basada en la proposición de que, de todos modos, la vida al final caerá en la nada. Y si al final cae en la nada —es decir, es inútil—,no tiene sentido alguno fijarse metas por las que haya que sufrir o luchar, o que exijan renuncias por tu parte. «Nada» es lo que Soros te propone como hilo conductor de la vida. Y la nada es fuerte. Muy fuerte.

Por supuesto, Soros cree que lo que él representa es algo, una extensión de la propia libertad y que se puede construir un nuevo mundo en torno a valores muy importantes que nos protegerán de los peligros ocasionados por las sociedades cerradas. En última instancia, son los valores liberales, las instituciones supranacionales y el «control civil» promovidos por Soros, y no la tradición, los que nos protegerán, no la tradición. No la cultura común, no la moral común, ni la lengua, ni la familia, ni los Estados nación, ni la democracia, ni, mucho menos, los líderes electos. Por eso todos ellos pueden ser atacados, destruidos, socavados, eliminados en aras de un bien mayor. Si no hay norma, entonces todo está permitido y tú te conviertes en la norma.

Así que no se trata solo de que haya aquí dos personas que van a tener problemas entre sí. Aquí chocan dos visiones del mundo, dos fuerzas intelectuales y dos posiciones políticas, y en el fondo subyace el hecho de que los adeptos de Orbán tienen una visión del hombre y de la naturaleza humana muy diferente a la de los adeptos de Soros.

La lucha entre estas dos visiones o fuerzas del mundo tampoco es nueva, solo que ahora está encarnada en dos húngaros. La lucha en sí, sin embargo, se lleva desarrollando al menos desde que la cosmovisión cristiana perdió su monopolio. Y su origen está en la idea de que, puesto que al final vamos a morir de todos modos, lo convertimos en un problema y pensamos en ello. Estas ideas se ensamblan luego en filosofías, posturas políticas y, en el espacio político, se crean partidos basados en esta diversidad. De hecho, este es el comienzo del mundo político moderno.

Se trata de cuestiones importantes —fundamentales, si se quiere—, pero hoy no hablamos de ellas, o casi no hablamos, aunque deberíamos. No hablamos de ellas porque en el mundo occidental prevalece hoy una mentalidad de «cuestiones como ésta no tienen ningún sentido», que va de la mano con el vaciamiento del debate intelectual, la desaparición del pensamiento, la marginación de los líderes políticos y la burocratización de las cuestiones políticas. Concretamente, el mundo occidental de hoy no presta atención a estas cuestiones, porque un liberal no se ocupa de ellas.

Este es el mundo que Viktor ha desafiado.

1994

Con el descubrimiento de que Fidesz y Viktor no podían ser comprados, el aire a su alrededor se congeló. El efecto no fue inmediato y directo, pero se podía ver por qué estaba ocurriendo cada cosa. El «problema» con Viktor era que seguía su propio camino y no recibía instrucciones del exterior. Sencillamente, Soros no tenía acceso a Fidesz.

Por lo tanto, Soros ha recurrido a otras tácticas. No hay intentos concretos de injerencia, como lo que vemos ahora, por ejemplo, con los servicios secretos estadounidenses interviniendo en las elecciones polacas, sino intentos estratégicos de manipulación política.

Las estrategias están concebidas para etiquetar a otros, no para eliminarlos. La intención de Soros es fijar las posiciones de los distintos actores, situar a cada uno en el lugar que le corresponde. Pero en todas estas operaciones estratégicas, Viktor siempre ha sido el que no cuadraba. Después de su discurso en el segundo entierro de Imre Nagy, a Soros le debe de haber quedado muy claro que, al pertenecer a una categoría aparte, Viktor podría dar problemas. Por eso es el mandamás, el propio Soros, quien le hace una oferta a Viktor; no lo deja en manos de uno de sus subalternos. Soros ya ve que Viktor tiene unas aptitudes excepcionales. Es inteligente y decidido. Sabe que es un adversario serio.

* * *

Así que desde el principio hubo un plan para amalgamar a Fidesz con SZDSZ. Y SZDSZ estaría dispuesto a unir fuerzas con los socialistas si la situación lo requería.

Cuando Viktor estaba estudiando en Oxford con Timothy Garton Ash[14], Fodor respondió a una entrevista en la que depuso las armas, admitiendo que Fidesz y SZDSZ debían ir de la mano a las elecciones. Fue entonces cuando Viktor hizo las maletas y volvió a casa. Si no hubiera vuelto a casa, SZDSZ sin duda habría devorado al Fidesz. Como dijo entonces László Kövér: «Cuídanos, Señor, de nuestros amigos, que nosotros nos cuidamos d nuestros enemigos». Viktor y los suyos pensaban que el verdadero adversario no era el MDF, sino el SZDSZ, que fingía un abrazo amistoso.

Como estaba claro que la coalición no funcionaría porque los dirigentes de Fidesz no cederían, se produjeron nuevos intentos de desbancarlos. Fidesz va en cabeza, cuando de repente, de la nada, en uno de los congresos se produce un ataque desde dentro: la exigencia de que los dirigentes deben dimitir porque no pueden rendir cuentas del uso que han hecho del dinero. En paralelo, la prensa saca la artillería pesada y publica un artículo tras otro alertando de que si Orbán llega al poder, habrá una dictadura. A Viktor lo convierten en un demonio. Y contra el diablo están permitidas todas las armas. Intentan desequilibrar a Viktor de una forma y de otra, con el objetivo de crear tensión en el seno de Fidesz. Por ejemplo, se inventan que un montón de candidatos presentarán su candidatura a la presidencia y que ese será el fin de Viktor. Pero deberían haber sabido que solo vale la pena organizar un motín si tiene posibilidades de triunfar.

---

14 Historiador británico, autor y comentarista, actualmente profesor de estudios europeos en la Universidad de Oxford.

* * *

El objetivo de la Carta Democrática era unir al SZDSZ y a los poscomunistas. Originalmente, la iniciativa de la Carta fue cosa de unos cuantos políticos del SZDSZ: la idea surgió de János Kis y György Konrád. Su intención declarada era que los que estaban comprometidos con la democracia defendieran sus intereses frente al auge de la extrema derecha. Los dirigentes del SZDSZ veían en el gobierno de Antall una amenaza para la democracia, y los partidos de la oposición tenían el deber de actuar conjuntamente contra él.

Esa es la madre del cordero.

Desde 1990 hasta la fundación de la Carta, los poscomunistas estuvieron en cuarentena y nadie cooperó con ellos. Eran comunistas y, por tanto, leprosos. Y, de repente, Iván Vitányi, del MSZP, y los poscomunistas, fueron invitados a la primera gran reunión en el Teatro Merlin. Esto los fue sacando poco a poco de su aislamiento.

Cuando József Antall destituyó a György Surányi, entonces presidente del Banco Nacional de Hungría —casualmente uno de los hombres de confianza de Soros y antiguo firmante de la Carta—, el gran plan se puso en marcha. Hubo manifestaciones en las calles, con los comunistas hablando en defensa de la democracia. Fidesz ya no participaba. Viktor y su partido también se espabilaron: se necesitaba un frente popular antifascista para borrar la línea divisoria entre anticomunistas y comunistas, creando una base para una alianza de partidos a ambos lados del frente.

Fidesz no accedió. A partir de ahí, todo fue «¡Matanza!» Sin piedad. Hubo de todo: acusaciones de dictadura, de corrupción, el caso de la sede, secesión, antisemitismo. Comenzó un bombardeo inmisericorde, que para 1994 casi había derribado a Fidesz y había dado lugar a la coalición de anticomunistas y poscomunistas.

* * *

Los intentos de desestabilización ya estaban en plena marcha en los rangos más altos.

Cuando Zsolt Bayer, el orgulloso titular del carné de afiliación número 5 de Fidesz, inicia su carrera como periodista y escribe *Éjjeli nap* (Sol de noche) en contraposición al *Nappali hold* (Luna de día) de Sándor Csoóri, recibe amistosas palmadas en el hombro de consagrados escritores, algunos de la talla de Tamás Ungvári y Mihály Kornis. Tamás Ungvári llama a Bayer por teléfono: «Zsolt, tú representas a la joven generación de periodistas. Por favor, decide si quieres ir a Estados Unidos o a Japón con una beca de año y medio o de dos años. Puedo encontrar un lugar para ti». Entonces, al igual que dicen que Viktor se pasa al lado oscuro, Bayer se convierte en un nazi cabrón, y ya nadie le pregunta a dónde quiere ir con una beca de Soros. Sin embargo, le llamarán por otro asunto: Kornis le contacta para decirle que no hay escapatoria al debate «provincialismo versus cosmopolitismo» y que, si no se sitúa de su lado (del lado bueno, del lado del cosmopolitismo), es mejor que sepa que, por un lado, se convertirá en un nazi y que, por otro, nunca más tendrá la posibilidad de ser un periodista o escritor en este país.

Así que Bayer pasó a ser un nazi.

Es posible que fuera el primero de los miembros del partido Fidesz en ser tachado de antisemita y, a partir de esta acusación, empiezan a caer las fichas del dominó.

Si el amigo de Viktor es antisemita, y Viktor no se desmarca de él, entonces Viktor es antisemita. Como es un fundador del Fidesz y es antisemita, si no se le echa todo partido es antisemita. Así que no hace falta practicar el antisemitismo para ser antisemita. Se puede ser antisemita sin serlo; basta, por ejemplo, con no haber hecho todo o lo suficiente para combatir el creciente antisemitismo, según reza la acusación. La carta del antisemitismo se ha convertido en el as en la manga con el que se gana la partida.

Al principio, cuando se hablaba de la unión con el SZDSZ, no era así. Más bien al contrario: se estaban «judaizando». Pero desde el momento en que Viktor y los suyos se quedaron fuera de juego y fueron inscritos en los cuadernos, todo estaba permitido, y Fidesz cayó en desgracia de un plumazo en los medios de comunicación húngaros. A partir de entonces, Viktor y sus amigos fueron considerados iguales que los demás y se les aplicaron las mismas reglas que a sus adversarios.

La venganza de Soros fulminó al Fidesz.

Sin embargo, Viktor y su gente han aprendido que cuando se habla de antisemitismo, están ante un síntoma. Cuando nace la acusación, entra en acción el sistema de reconocimiento amigo-enemigo y se completa la historia. Se trata de la acusación más indignante que se pueda imaginar, porque, por un lado, es impensable que se refiera a ellos y, por otro, no hay nada que hacer contra ella.

No olvidemos que estamos hablando de Hungría, que en la Segunda Guerra Mundial estuvo del lado de los alemanes. Y contra un país que desempeñó un papel en la Segunda Guerra Mundial, en el Holocausto —aunque solo como apoyo a los alemanes—, la acusación más insultante es la de antisemitismo.

Cuando unos empezaron a tachar a los otros de antisemitismo, quedó claro para todos —aquí y allá— que no habría reconciliación en esta historia.

* * *

Una noche de 1994, durante la clausura de la segunda ronda de las elecciones, llega un mensajero a Fidesz. Un fotógrafo de moda que había hecho fortuna en América se dirige a Viktor y le dice que las cosas están decididas, que habrá un gobierno de coalición MSZP-SZDSZ y que la oferta es que Fidesz entre en el Gobierno a cambio de una cartera y dos secretarías de Estado. Y Viktor responde: «¡De ninguna manera!». Y manda al mensajero al infierno.

Desde luego, la generosa oferta no fue concebida por Gyula Horn, ni tampoco por el SZDSZ. El SZDSZ tenía que estar agradecido, tenía todo el apoyo que necesitaba de todo el mundo, desde los embajadores estadounidenses hasta Soros. Desde el punto de vista de los orígenes de la familia, el SZDSZ no tenía ningún problema para llegar a un acuerdo con los poscomunistas, ya que venían del mismo lugar. Así que aliarse con el MSZP era algo justificable en términos de política de poder (gratitud) y cultura (raíces bolcheviques), pero, ¿qué falta hacía de que en el gobierno entrase Fidesz?

Fidesz sospechaba que Soros tenía algo que ver en esto, que era algo dictado desde su despacho. La oferta no estaba justificada por los resultados electorales: el Fidesz apenas consiguió entrar en el parlamento, mientras que, juntos, el MSZP y el SZDSZ obtuvieron dos tercios de los votos. Aún así, le hicieron una oferta al Fidesz. Fue otra cosa la que lo motivó: la consideración de que, a largo plazo, la única manera de mantener a raya a Viktor y su gente era llevarlos al gobierno. Más vale prevenir que curar. Si los metemos en el gobierno, quedan comprometidos y, una vez dentro, seguro que luego hacen algo que permita controlar a Viktor. Y la carnada fue que se formaría un Gobierno MSZP-SZDSZ-Fidesz para que los errores cometidos por el MDF pudieran ser corregidos por este gran conglomerado democrático.

La negativa de Viktor se interpretó como desobediencia. Pero Viktor fue inflexible.

* * *

En 1994, Viktor perdió.

Dos años antes, todo hacía presagiar que se formaría gobierno y que Viktor sería primer ministro. No fue así. En apenas año y medio, el apoyo a Fidesz había caído del 40% al 7%. El joven y talentoso Viktor, otrora tan elogiado por la prensa, se había convertido en un diablo con patas de cabra, al que había que temer si llegaba al poder, porque era un dictador, porque era un antisemita y, además, porque hasta la mirada lo delataba.

Soros se relajó.

En 1994, pensó que la victoria de la coalición MSZP-SZDSZ había encarrilado las cosas. Lo consideraba una victoria personal. Todo iba bien en la provincia llamada Hungría.

Además, sus planes marchaban bien en la región.

En 1987 abrió una sucursal en Moscú. Aunque Moscú rechazó la receta de Soros para gestionar la crisis unos años más tarde, Yeltsin eximió a las organizaciones de Soros del pago de impuestos, derechos y gravámenes.

Así pues, Soros consiguió imponer su presencia en Moscú y en casi todo el espacio postsoviético. Tras la desintegración de la Unión Soviética, se abrieron sucursales en los países bálticos, Georgia y las repúblicas cuyos nombres terminan en -stán. Las organizaciones de Soros han apoyado esfuerzos culturales en Albania y financiado la construcción del Estado en Macedonia y Bielorrusia. Soros tiene fundaciones en Bulgaria, Yugoslavia, Rumanía y, por supuesto, ha establecido plazas fuertes en Polonia y Checoslovaquia gracias a su apoyo a la sociedad civil.

En algunos lugares se producían rivalidades. En algunas provincias reinaba el desorden. Algunos asuntos producían tensiones, pero, básicamente, las cosas marchaban bien.

Para principios de los noventa, el multimillonario filántropo Soros se había convertido en un estadista sin Estado, y el imperio soviético se había convertido en el imperio Soros.

Sin embargo, aunque perdió, Viktor ganó. Viktor fue capaz de plantarle cara a Soros. El movimiento político que lideraba conservó su autonomía y fue capaz de regirse por sí mismo. Y la esencia y el credo de este movimiento autónomo y autosuficiente siempre ha sido y sigue siendo el anticomunismo y la soberanía nacional.

II.
ANDAR CON RODEOS

1995

Los tiempos cambian.

Éva ya no conducía un Trabant, sino la fundación de Soros en Hungría. Era la jefa desde hacía tiempo y lo seguiría siendo hasta 2001.

Éva Bakonyi trabajaba para una fundación de apoyo a las empresas desde principios de los noventa, y se decía que había hecho un muy buen trabajo. Era una empresaria, una *mujer de negocios* experta, no en el mundo de los tejemanejes intelectuales, sino de las finanzas. Soros estaba descontento con la fundación húngara, decía que era un desastre, que nada estaba en orden, que las cosas se decidían de aquella manera entre amiguetes. Y quería que eso cambiase. Por eso fichó a Éva.

Ella se encargaba del negocio, y Gábor Horn, su pareja, coordinaba el programa de Soros para el desarrollo de la educación pública. Para 1995, Bálint Magyar, uno de los principales dirigentes del SZDSZ, había conseguido que Soros apoyara dos programas políticos: el de educación y el de sanidad. Aunque los grandes temas estaban resueltos, surgían, también, temas de menor entidad. A Soros le gustó la idea, encajaba en su concepto de sociedad abierta.

A Gábor Horn se le dio vía libre y hasta se le permitió gastar mil quinientos millones de florines al año en educación. Las cantidades eran asombrosas. Había un Estado Soros dentro del Estado.

* * *

Así que Soros se había instalado en Hungría.

Consiguió que su universidad fuera acreditada tras el cambio de régimen. Esto fue visto en Fidesz como una forma de aprovecharse de la situación por vulneración de las leyes. El pecado original de la CEU era que uno podía hacer algo solo por tener dinero (sin importar si hacía el bien o el mal). Viktor y su equipo vieron que el Estado estaba haciendo trampas con la aprobación de la CEU y que el responsable era, justamente, Gábor Fodor, un antiguo compañero de habitación de Viktor, quien, tras el cambio de régimen, y de abandonar el partido en 1993 para unirse al SZDSZ, se convirtió en ministro de Educación. Se consideró que Fodor estaba privilegiando a Soros, cediendo personalmente la acreditación para que la universidad de Soros pudiera funcionar de una manera supuestamente oficial. Este era un sapo que Fidesz no estaba dispuesto a tragarse.

Soros también consiguió que Bill Gates lanzara Windows 95 en Budapest. En una hermosa y soleada mañana, en el Instituto de Enseñanza Secundaria Bilingüe Frigyes Karinthy, Soros y Gates, dos de los hombres más ricos del mundo, mantuvieron una agradable charla con estudiantes húngaros organizada por Gábor Horn.

Es a él a quien recurre Soros cuando quiere hacer realidad sus ambiciones personales: «Gábor, quiero pedirte algo. Quiero construir una escuela en Balatonalmádi». En ese pueblo vivía una anciana que había dado cobijo a la madre de Soros durante la Segunda Guerra Mundial y, cuando cumplió 80 años, Soros le preguntó si quería algo a cambio. La anciana le pidió una escuela... y se construyó la escuela. Gábor Horn, el hombre de Soros, construyó de la nada la que probablemente es la escuela que tiene las vistas más bonitas del país, ya que todas las ventanas dan al lago Balatón. Es interesante señalar que, más tarde, hacia 2005, Soros dijo en una entrevista a un semanario húngaro que, para su decepción, la señora Elza Brandeisz —condecorada por el Estado de Israel con la medalla *Yad Vashem*[15] y en cuyo honor se plantó un árbol en Jerusalén— leía, desgraciadamente, el diario *Magyar Nemzet* (La Nación Húngara) y lo que es peor: esta mujer, antes decente y honorable, expresaba ahora virulentas opiniones anti gitanas, cosa que, obviamente, solo era posible porque el periódico de derechas incitaba al odio contra los gitanos. A raíz de estas declaraciones, el periódico la emprendió con furia contra Soros en sus artículos, pero se trató de un caso excepcional. En la segunda mitad de los años 90, no hay ni rastro de escritos de este tipo o similares ni en la prensa húngara ni en la occidental.

Luego, a mediados de los noventa, Soros llamó por teléfono a Gábor Horn para ver si podía conseguir un trabajo de verano para sus hijos. Habían trabajado todos los veranos desde que tenían 14 años, porque no era bueno que se aburguesaran demasiado, y Soros pensó que sería bueno que hicieran algo en Hungría ese verano. Horn le preguntó: «¿Qué tipo de trabajo?». Soros respondió: «¡Cuanta más mierda, mejor!».

Es como si Soros hubiera formulado, consciente o inconscientemente, su *ars poetica*.

* * *

15 Institución oficial israelí en memoria de las víctimas del Holocausto.

Los jefes del SZDSZ solicitaban con regularidad audiencia a Soros. Cuando era necesario, incluso viajaban a Nueva York.

Cuando Gábor Horn junto a su familia le visitó en Estados Unidos a mediados de los noventa, Soros les ofreció alojarse en el apartamento de su madre, que había muerto poco antes. Era un apartamento de dimensiones modestas en el centro de Nueva York, en la avenida 40. Cuando Horn entró en el apartamento, se sintió exactamente como si estuviera en casa de su abuela: los mismos muebles, el mismo olor a viejo, como si hubiera estado visitando a su propia abuela en el barrio de Újlipótváros, en Budapest. La madre de Soros había vivido en el centro de Nueva York como si se tratara de la calle Pozsonyi de Budapest. En cambio, la residencia de Soros no revelaba nada sobre Soros ni sobre su procedencia: lujo burgués impersonal, ni siquiera libros húngaros.

La casa de Soros podría haber estado en cualquier lugar.

* * *

Del mismo modo que Soros podría haber nacido en cualquier lugar. Sus amigos húngaros dicen que Soros es un hombre emocionalmente herido. No vierte lágrimas de nostalgia por nada. Ni siquiera por Hungría.

Una vez, a finales de los años ochenta, cuando Soros llevaba a su mujer a Budapest, pidió al taxista que parara en el lugar donde solía vivir antes de la guerra. El taxista pensó que bajarían del coche, que tal vez Soros acariciaría la barandilla, pero no ocurrió nada de eso. Soros enseñó la casa desde el coche, comentando que había vivido allí, y luego siguieron su camino.

Nadie recuerda a Soros haciendo algo como tomarse una cerveza con alguien, o simplemente porque le apeteciese. Tampoco tenía una verdadera amistad con la gente de aquí, daba la impresión de ser alguien sin emociones. Hablaba con todo el mundo de forma comedida y decidida. Tenía negocios, no emociones. «¡No lo imagino profesando amor a nadie! No creo que pudiera, y eso que ha estado casado dos veces», dijo de él su antiguo secretario.

El ajedrez era quizá lo único que aún le entusiasmaba (¡!), una afición por la que mostraba un interés apasionado, aparte de ganar dinero. Curiosamente, fue Sándor Demján, el hombre de negocios más importante de la última etapa de Kádár, quien se convirtió en su adversario de ajedrez favorito. Con él también jugaba a la baraja húngara (*ulti*). Mientras que en el primero todo se centra en el jaque mate, en el segundo lo hace en la última jugada.

Lo único que era capaz de apreciar era el progreso en términos materiales: el avance. Cuando János Betlen, su antiguo secretario, fue a Ferihegy a buscarlo, le pidió prestado un gran Mazda a un amigo. Soros miró a János con aprobación; no habría pensado que un hombre con un jersey y un Trabant hubiera hecho semejante avance.

* * *

Por aquel entonces, Viktor conducía un Opel Corsa 1.6 y no se sentía exitoso. Aún no había logrado lo que se proponía en su profesión, en la política.

Tuvo que replantearse varias cosas: cómo seguir adelante, qué debía hacer de forma distinta, qué había aprendido de sus fracasos. En resumen, tuvo que arremangarse.

1998

Ha sido un año lleno de acontecimientos. Guerra en Kosovo. Helmut Kohl es derrotado en las elecciones alemanas tras 16 años de gobierno y dimite. Francia gana el Mundial de fútbol. Larry Page y sus colegas fundan Google. Se estrena el programa de televisión *Entre amigos,* que se emitirá en Hungría durante casi 25 años. Se producen sangrientos atentados en Budapest. Se estrenan *Gato negro, gato blanco* y *Lock and Stock*. Nace la mayor emisora de radio comercial de Hungría, Sláger Rádió. *Hoppá*, de Baby Sisters, *Bumm, Bumm...* de TNT y *Vétkezz velem!*, de V-Tech, ocupan los primeros puestos de las listas de éxitos.

Pero en Hungría, Viktor es el número uno.

Tiene treinta y cuatro años cuando gana las elecciones, y treinta y cinco cuando asume el cargo de primer ministro. Viktor es el primer ministro más joven de toda Europa. Ha cosechado una victoria asombrosa, arrasando en todo el país, ganándose al electorado húngaro pueblo por pueblo.

En este momento, en Hungría aún se celebran elecciones a dos vueltas. Tras la primera vuelta, los poscomunistas le sacan un pelo (de campesino, camarada o diablo) de ventaja a Fidesz y, entonces, Gyula Horn, el prepotente y arrogante expolicía comunista, se enfrenta a Viktor en un debate televisivo a dos y acaba perdiendo. Lo que lleva a la derrota de los poscomunistas en las urnas.

Gyula Horn era el seudónimo de la superada era comunista. Encarnaba un mundo poderoso y todo lo que Fidesz estaba decidido a derrotar y dejar atrás. Derrotarle era una hazaña solo comparable a cuando la jovencita de catorce años Krisztina Egerszegi subió al primer podio en las Olimpiadas entre dos nadadoras corpulentas de la RDA.

Una derrota espectacular.

* * *

La noticia llegó hasta Nueva York.

En aquel momento, aún no era posible saber desde Estados Unidos cómo sería y qué haría el Gobierno de Viktor. Clinton invitó a Viktor a los Estados Unidos. Una mujer húngara, Kati Marton —esposa de Richard Holbrooke, enviado especial de Estados Unidos en los Balcanes y destacada figura intelectual del imperio de Soros en Nueva York— organizó una cena en la que Viktor pudo explicarle a la élite liberal estadounidense los puntos de su programa y el estado del juego en Hungría.

Fue el tercer encuentro de Viktor y Soros.

La tarea consistía en entrar en la lobera y salir vivo.

Todos los peces gordos del mundo liberal occidental acudieron a la cena. Estaba Elie Wiesel[16], que proclamó que, a causa del Holocausto, se negaba a hablar en húngaro, idioma que hablaba o, al menos, entendía. También estaban el secretario general de la ONU, Kofi Annan y, por supuesto, Soros. Fue aquí donde Viktor descubrió que Soros era un experto en un juego interesante: aunque su lengua materna era el húngaro, cuando hablaba con húngaros y las cosas iban en una dirección que le era desfavorable —es decir, cuando creía que le

16 Autor laureado con el Premio Nobel de la Paz, se educó en Hungría y Rumanía, habla hebreo, alemán, inglés, rumano y húngaro.

era útil— simplemente olvidaba el húngaro y así llevaba la conversación a dique seco. No se enfrentó, sino que, como una anguila, se escabulló de todo el asunto. Fingía no saber de qué hablaba la otra persona y ahí acababa todo.

Kati Marton hizo un favor a Viktor y a su equipo invitándoles a cenar. Viktor tuvo la oportunidad de señalar una línea de salida positiva: hay un nuevo Gobierno húngaro, somos así y asá, queremos esto, vamos por este camino y queremos desarrollar una relación positiva con la esfera de influencia liberal estadounidense.

Viktor se explicó de manera cautivadora. Repasó todas las cuestiones que más tarde podrían ser criticadas. Habló de Rusia, de política regional, de la situación económica, de la cuestión romaní y de los húngaros que vivían más allá de las fronteras. Por parte de Hungría, el objetivo era desactivar las minas antes de que estallaran. ¿Y qué se entiende por minas americanas? Eso estaba muy claro. Esto dio pie a que empezara en la mesa un intercambio de ideas muy serio sobre cuestiones filosóficas, sobre el mundo, sobre el panorama general.

Soros no se mostró hostil aquella noche, no se enfrentó con nadie, ni siquiera polemizó. Por lo demás, es un hombre muy observador al que le gusta estar callado. Soros estaba callado y escuchaba con mucha atención.

Aquella noche, a Viktor no le pidieron nada ni le ofrecieron nada, ni siquiera le amenazaron. Viktor salió vivo de la boca del lobo.

* * *

Luego, con el gobierno de Viktor, este viento estadounidense favorable desapareció. Las expectativas positivas generadas tras la reunión de 1998 en Nueva York se evaporaron. Además, ganó Bush hijo y salió toda la administración demócrata; entraron los republicanos, con quienes, por cierto, Viktor mantenía muy buenas relaciones hasta que quedó claro que no íbamos a comprar aquellos aviones. A raíz del asunto Gripen, Viktor había sido golpeado por un tsunami de rabia y odio, y no se trataba solo de que la empresa Lockhead Martin se hubiera visto privada de un gran negocio.

Estados Unidos fue humillantemente hostil y, según Viktor, si lo hubiéramos asumido, nos habríamos sentido humillados. La diplomacia estadounidense se basa en el principio del papelito del bloc. Te entregan un trozo de papel con las condiciones escritas y esperan que aceptes lo que está escrito en él. El que dicta las reglas del juego es el líder hegemónico, y los *yes-men,* los borregos serviciales que responden sí a todo.

Viktor, en cambio, no. Nunca ha sido ni remotamente un hombre servicial. Puede que fuera una estupidez o un error en su momento, dadas las consecuencias, pero la soberanía le importaba más que cualquier otra cosa.

Un funcionario de la embajada estadounidense se presentó en el despacho de uno de los principales asesores del primer ministro húngaro y exclamó a gritos que qué se creían los húngaros. Que nadie fuese a pensar que les importaba que Viktor comprase unos Gripen en vez de los F-16 (evidentemente ese caza hubiera estado igual de bien, pero en EE. UU. se cagaban en esto). El principal problema era que eso sentaba un precedente, y eso era algo que ellos no iban a consentir.

* * *

Esa era la parte personal de la hostilidad, por así decirlo, pero detrás había una vertiente ideológica, la fascinante práctica del llamado *softpower*: el «poder blando», que no es otra cosa que poder atrayente, poder inmaterial o influencia diplomática. Un elaborado plan de acción para promover el interés propio a través de las ONG, las fundaciones y los medios de comunicación. Ese era el objetivo, y los americanos lo veían factible a través de las redes de Soros.

Y Soros había dado la orden: debíamos caminar en la dirección que él marcaba. Si hasta ahora nuestra estrategia había consistido en no tener estrategia, ahora consistía en tener una.

Había que señalar el rumbo de la CEU. Había llegado el momento de dar vida al monstruo creado por su propio diseñador y que adquirió así su verdadero significado, que, para evitar malentendidos, no era la universidad ni la gestión del talento. También había que situar a las ONG en la dirección correcta. Debían armar jaleo y mantener la presión sobre el gobierno. Lo mismo debía hacer la prensa. El asunto Gripen fue una buena ocasión para acusar a Viktor de antiamericanismo. El que es antiamericano se opone al mundo libre y, por tanto, está construyendo una dictadura. A esto se le añadió la acusación de antisemitismo, y el sistema de reconocimiento de amigos y enemigos volvió a ponerse en alerta. El Fidesz era antisemita porque había admitido en sus filas a gente del MDF y a pequeños agricultores[17]. Y puesto que estos eran antisemitas, el Fidesz también lo era.

17 Miembros del Partido Independiente Cívico de los Pequeños Propietarios y de los Trabajadores Agrarios.

Desde un punto de vista estratégico, todo este asunto de los Gripen le vino bien a Soros para definir a Fidesz y excluirlo del baile. Así mató dos pájaros de un tiro: expulsarlos del salón de bailes y crear la oposición que le vendría bien en la campaña de 2002. Y decirle al pueblo húngaro que debe ser soberano y tener cojones es en vano, cuando, por lo demás, hay como mil hilos de dependencia del mundo americano.

También en América se publicó una serie de artículos difamatorios dictados desde Hungría. La gente del SZDSZ jugó la carta del antisemitismo en Nueva York y luego dijeron: «¡Esto es lo que el mundo piensa de vosotros!». Bálint Magyar y su círculo de amistades gozaban de gran prestigio en Occidente y, para ellos, era algo natural exportar la narrativa. Incluso Charles Gati hablaba del antisemitismo de Orbán y su discurso tenía eco en Estados Unidos.

Cuando en *Foreign Affairs* apareció un artículo que atacaba al Gobierno húngaro, el asesor de asuntos exteriores de Viktor se puso en contacto con la autora y le preguntó si había estado alguna vez en Hungría. La respuesta fue negativa. ¿Había tratado alguna vez con húngaros? No. ¿Hablaba húngaro? No, no lo hablaba. ¿Había leído material húngaro? No. Fue un enfrentamiento muy desagradable para la señora, que después de aquello no volvió a escribir nada sobre los húngaros. Pero Viktor y su gente no tenían recursos para encararse con cada autor y decirle al mundo americano que solo se trataba de opiniones aisladas. Quizá tampoco prestaron suficiente atención.

Con la compra de aviones, Viktor quería enviar una señal a Estados Unidos de que no podían venir aquí sin más ni más a exigir cosas (ni siquiera dejó instalar misiles en la frontera sur), pero el poder hegemónico le contestó con un ademán que no podía permitirse ese tipo de cosas.

Sus quejas sobre la desobediencia («¿Qué se ha creído Orbán?») fueron vestidas por la potencia hegemónica con ropajes de antisemitismo y Soros tuvo mucho que ver en ello. Tres años después de la investidura de Viktor, todas las acciones gubernamentales, diplomáticas, de inteligencia y financieras emprendidas para cambiar el gobierno coincidieron con el intento de derrocarlo, revestido de acusaciones de antisemitismo respaldadas por Soros.

Así que entre 1998 y 2002, estaba muy claro que Soros estaba financiando causas y personas que se oponían al gobierno que Viktor había establecido.

* * *

La principal ventaja competitiva de Estados Unidos sobre todos los demás fue que reconoció la importancia del poder blando, creó una red para ello, lo explotó sistemáticamente, utilizando prácticamente la misma receta en todas partes, algo para lo que Soros era muy útil. Esto no significa necesariamente que Soros fuera equivalente a los Estados Unidos, pero, probablemente, sí lo era. Había una sinergia fértil entre América y Soros. EE. UU. utilizaba a Soros y Soros utilizaba a EE. UU. para obtener beneficios donde podía.

Pero América también tiene dos caras. Soros es el enemigo declarado de la América republicana. Nunca ha ocultado su antipatía hacia la América de George Bush o Donald Trump. Ha hecho mucho para que el mundo vea al presidente republicano George Bush como un retardado bastardo sureño en la lucha contra el terrorismo, y a Trump como un imbécil, un patán cuya presidencia hay que desbaratar por todos los medios. En 2018, llegó a decir que la presidencia de Donald Trump era un peligro para todo el planeta. A través de organizaciones como Human Rights Watch, America Coming Together y America Votes, ha criticado duramente las actividades de los Estados Unidos liderados por los republicanos en la lucha contra el terrorismo, el racismo, el trato a los inmigrantes ilegales y la liberalización de las drogas. Por otro lado, ha ayudado y apoyado los objetivos, programas y personas de la América gobernada por los demócratas en casi todo, incluso en calidad de mega donante. La lista es larga, e incluye a Obama. Según admite, fue él mismo quien descubrió a Obama y apoyó su campaña, pero aclara que cuando Obama llegó al poder, se sintió decepcionado porque el flamante presidente no le hizo caso (se sintió disgustado porque, después de haberle dado en 2010 una lista de cosas que debía hacer, Obama no quiso reunirse con él). Pero ha desarrollado una relación particularmente buena y estrecha con los Clinton, con quienes —cómo no— comparte la misma visión del mundo.

En nombre de esta visión compartida del mundo, Soros se ha tragado con patatas a la izquierda entera. Está del lado de los drogadictos, los transexuales, las personas con trastornos mentales, las trabajadoras sexuales, los pro abortistas, los defensores de la eutanasia, los activistas anti armas, los radicales climáticos, los inmigrantes ilegales y los negros.

Entiende que paliar el sufrimiento de los toxicómanos es un derecho humano y que, en una sociedad justa, las políticas sobre drogas descansan sobre cimientos de ciencia, compasión, salud y derechos humanos. En su afán de despenalizar el consumo de la marihuana, le siguen no solo algunos estados de EE. UU., sino también muchos países europeos (Alemania, Portugal, Bélgica, Países Bajos). En 2014, Forbes lo calificó como el mayor reformador en materia de drogas de América, que lucha por poner fin a la insensata y socialmente dañina guerra contra las drogas junto a los presidentes de Brasil, Guatemala y Uruguay.

Soros es el campeón del apoyo a la inmigración y a la vez un enemigo implacable de las fronteras, los muros y las vallas. Para Soros, su propia cultura nacional es también un enemigo, y la cultura de la anulación es un medio de atacar la cultura nacional. Sobre todo si se trata de una cultura blanca, heterosexual y dominada por hombres. *Black Lives Matter*. Esto es lo que ofrece a cambio Soros como una nueva herramienta de disrupción social.

Sin embargo, la igualdad de géneros es la que se ha convertido en la «política blanda» más fácilmente exportable.

La consideración subyacente era que, en algún momento, el Holocausto dejaría de ser una ideología imperante sostenible y tendría que ser sustituida por algo distinto. Curiosamente, el Holocausto ni siquiera fue un tema destacado hasta la década de 1960, y entonces, de repente, alguien lo retoma y la acusación de antisemitismo se convierte en la gran baza, utilizada incluso contra Viktor. El Holocausto también fue una forma de que los magos de la influencia diplomática internacional encubrieran la dicotomía comunista-anticomunista, porque aquello implicaba a los actores del mundo occidental. Así que se dijo que no había que tratarlo, porque no convenía en absoluto a la izquierda. Pero también estaba claro que, tarde o temprano, el Holocausto sería eclipsado por otro tema que lo desplazaría. ¿Y cuál era ese tema? El género. ¿Y quién lo desplazaba? Soros. Y aquí otra vez se dio un enfrentamiento —no es casualidad— entre Viktor y Soros. Viktor dice sobre la familia que el padre es hombre, la madre es mujer y a nuestros hijos hay que dejarlos en paz. Y Soros hace lo mismo con el género que con la filantropía o cualquier otro tema: al fin y al cabo, todos somos humanos, ¿por qué no puede ser una familia esto, aquello y lo otro? El amor es amor. Cualquiera puede amar a cualquiera y eso es bueno. Y quien va en contra de todo esto quiere hacer mal a las personas o a la humanidad, por lo que no puede ser otra cosa que malvado. El que se opone al bien es maligno. Por lo tanto, el que proponga una ley de protección de la infancia y haga declaraciones serias sobre el modelo de familia tradicional, debe de ser el demonio. Parece una jugada ganadora. Sin embargo, desde el punto de vista de Viktor, la ley de protección de la infancia es un dedo índice que nos advierte: «Cuidado, sed razonables. Nos están llevando al redil con esta gran palabrería de que todo está permitido, pero en realidad todo está financiado y organizado nada menos que por Soros».

Mientras los pantalones vaqueros, la Coca-Cola, el McDonalds y Playboy eran el caballo de Troya, fue un éxito. Todo el mundo estaba enamorado de Estados Unidos. Pero la entrada en escena del tema del género parece un hueso más duro de roer. Desde luego, no es una cuestión secundaria, y también es cierto que Soros está haciendo todo lo posible, a través de su red de organizaciones, para que esta cuestión se normalice en el mundo entero. Con todo y con eso, parece que Estados Unidos ya no resulta tan sexi.

* * *

El cambio en la vida política soviética se produjo en la década de 1970, más o menos, cuando la política blanda dejó de ser una preocupación. Brézhnev estaba tan seguro de sí mismo, las cosas iban tan bien y Estados Unidos tenía tantos problemas (Vietnam, Watergate) que se despreocuparon de esto. Luego, Rambo, Rocky y Red Cop demostraron a todo el mundo que, si se apostaba por las políticas blandas, se podía ganar todo. Hoy en día, los rusos no tienen una política blanda, no es de extrañar que tengan tan mala prensa en el mundo occidental. Es como si hubieran olvidado la vieja enseñanza política de que si no señalas al malvado, te señalarán a ti como el malvado. Hoy Putin es el malvado, el que se dedica a hacer el mal y no tiene cabida en nuestra civilización.

Los chinos están empezando a descubrir en qué consiste esta política blanda. Ya se están espabilando. Hay una razón por la que la potencia hegemónica está tan enfadada. Leyenda o no: de niño, Xi Jinping trabajaba en un pequeño pueblo en las montañas donde llegó a sus manos el Fausto de Goethe, y dicen que le gustó tanto que se lo aprendió de memoria. Fausto es el único punto de apoyo que tienen los analistas occidentales para adentrarse en la mente de uno de los hombres más poderosos del mundo. Pero, ¿de qué trata el Fausto de Xi? ¿Es que China nunca será conquistada? ¿Es que su filosofía económica tiene algo de Fausto (cuando quiere recuperar tierras fértiles del mar, Fausto comete un acto cruel)? ¿Que el nuevo hombre artificial, el homúnculo, se está creando en las plantas químicas chinas? ¿Que las intrigas hacen avanzar la historia de la humanidad? ¿O, simplemente, lo que un meme de internet expresa con acierto: «Dios creó el mundo, pero todo lo demás se fabrica en China»?

La idea de que los húngaros hiciéramos política blanda, o de que nosotros mismos fuéramos la potencia blanda, estaba conceptualmente descartada. Una provincia no tendría voz.

* * *

Como todos sabemos, Viktor perdió las elecciones de 2002. Y, después, las de 2006.

1818

Este es el año de la publicación de la novela de Mary Shelley que más tarde marcaría su carrera, Frankenstein o el moderno Prometeo. Solo tenía 19 años cuando la escribió. La historia del libro se inspiró en una visión en la que Mary vio a un estudiante de una ciencia impía arrodillado con el rostro empalidecido junto a una criatura de su propia creación. La criatura es un ser que evoluciona, que aprende del comportamiento de los demás, que adquiere conocimientos científicos, pero que también es capaz de actos malvados. Y su creador se llama Víctor porque Mary Shelley estaba muy influida por *El paraíso perdido* de John Milton, donde el autor se refiere a menudo a Dios como «The Victor» (el vencedor) y, de hecho, Mary Shelley retrata a Víctor jugando a ser Dios, es decir, creando vida: «Aunque al principio dudé de si debía intentar crear a un ser como yo; pero mi imaginación estaba demasiado exaltada para permitirme dudar de mi capacidad para dotar de vida a un animal tan complejo y maravilloso como un hombre». Pero el sueño se hizo añicos, la criatura que había creado se convirtió en un monstruo que repugnaba a su creador. «Sus miembros eran proporcionados, y había seleccionado unos rasgos hermosos ¡Hermosos! ¡Dios mío! Aquella piel amarilla apenas cubría el entramado de músculos y arterias que había debajo; tenía el pelo negro, largo y grasiento; y sus dientes, de una blancura perlada; pero esos detalles hermosos solo creaban un contraste más tétrico con sus ojos acuosos, que parecían casi del mismo color que las blanquecinas órbitas en las que se hundían, con el rostro apergaminado y aquellos labios negros y agrietados». Se ha convertido en «una figura que supera incluso la imaginación de Dante» y, sobre todo, se parece al Satán del Paraíso Perdido, que amenaza con llenar el vientre de la muerte.

Quizá una de las consecuencias más interesantes de todo esto es que, como resultado de innumerables revisiones, hemos llegado a confundir al creador con su creación. Creemos que Frankenstein es el nombre del monstruo, cuando no es más que el apellido de Víctor, el creador de la criatura. Y la criatura está deliberadamente innominada: a veces se le llama criatura o engendro, a veces diablo, demonio, a veces desgraciado. Las adaptaciones de terror también han mermado la profundidad filosófica de la obra: Frankenstein se convierte en un zombi sin alma, mientras que originalmente la historia trataba del problema del ostracismo, lo que debería despertar la compasión de cualquier persona de buena conciencia.

* * *

Pero. ¿cómo funciona este ser, que es más grande que su creador y le sobrevive?

Como hemos visto, tenemos a un filósofo con complejo de Dios y visión mesiánica y multimillonario (1981 es el único año en que fue deficitario; más tarde dijo que tuvo que preguntarse quién era más importante, «la criatura que había creado o yo, y voté por mí mismo, gané yo, perdió el Fondo»). Su dinero y su influencia le convirtieron en uno de los hombres más poderosos del mundo, y sin duda en uno de los filósofos con más poder. Pero su objetivo no era comprender el mundo, sino cambiarlo, por lo que los objetivos del filósofo eran políticos.

Soros es la antítesis de la derecha moderna. Generaciones enteras piensan ahora en el esperanto liberal creado por Soros. Es, sin duda, el filósofo más influyente de todos los tiempos, inmediatamente después de Marx. Este filósofo filántropo ha construido durante muchas décadas una fábrica de poder de proporciones mundiales. Su método no consiste en entrar en política (no desempeña ningún papel político, no se presenta a las elecciones, no se deja ver), sino en intervenir desde fuera para crear el caos. O interviene de entrada donde hay inestabilidad, o interviene para crear inestabilidad. Es esta circunstancia la que crea las condiciones para su principal actividad política, la especulación. No tiene escrúpulos morales, peca contra quien sea, es enemigo de la estabilidad, que es un valor de suma importancia para la paz social.

Interferencia significa también que, cuando hay injerencia exterior, se vulnera la soberanía. No es la voluntad de los de dentro la que decide cómo deben ser las cosas, qué dirección deben tomar en su propio país, sino qué se decide desde fuera, eliminando la voluntad soberana. Por lo tanto, la criatura creada por Soros no solo está destruyendo los cimientos de la paz social y la estabilidad, sino que también está atacando la soberanía como esencia de la autodeterminación. El imperio de Soros es una estructura encubierta que ataca la soberanía.

Al mismo tiempo, es insensible al tipo de sociedad que destruye y en la que crea el caos político. Ha invertido miles de millones de dólares y enormes energías políticas en impedir el Brexit o financiar grupos de acción política contra Trump, del mismo modo que ha invertido en apoyar «revoluciones de colores» (Georgia,

Maldivas, Ucrania, Bielorrusia, Líbano, Túnez, Egipto o Siria). El resultado es el caos en todas partes, y la mercancía que nos han soltado es la democracia inflada con una bomba manual que lleva el sello de correos estadounidense.

Su agenda social está, por tanto, vacía. Puede ser el objetivo no solo de cualquier régimen político, sino de cualquier clase política. También de la democracia. El imperio de Soros es enemigo de los valores en los que se basa la democracia. Soros dice que tiene suficiente dinero como para no estar sujeto a ninguna regla de juego, del mismo modo que tiene suficiente dinero para simplemente cambiar las reglas que no le gustan. No le preocupa el principio de la regla de la mayoría, el empoderamiento que emana de los votantes, el control, la rendición de cuentas, la soberanía popular. Es vacía, insensible a los principios democráticos.

Además de vacía, es también —lo que quizá sorprenda a primera vista— insensible a los principios liberales. Aunque enarbola todos los grandes principios a los que no se puede oponer el espíritu de la época porque son incuestionablemente positivos (una sociedad justa y abierta; transparencia; derechos humanos fundamentales; Estado de derecho), en realidad, el imperio de Soros no lucha de forma transparente. La red de Soros opera a través de múltiples personalidades superpuestas, formas confusas, maniobras financieras opacas y métodos indirectos (es una prueba de la ironía de Soros que bautizara a su propio instituto con el nombre de Transparencia). O veamos uno de los temas favoritos de los liberales: los derechos de las minorías. Mientras que, en Macedonia del Norte, por ejemplo, Soros defendió los derechos de la minoría albanesa, en la Ucrania de preguerra apoyó a un régimen que se oponía a los derechos de las minorías. No son, pues, los derechos de la minoría los que importan, sino el desbarajuste. Por no mencionar el hecho de que el valor fundamental de las sociedades liberales y democráticas es la idea del Estado de derecho, según la cual la ley se aplica a todos por igual. Sin embargo, Soros se considera a sí mismo y a sus instituciones por encima de la ley: aunque todas las universidades de Hungría están sujetas a las mismas leyes, la CEU no podría estarlo. Por tanto, el imperio de Soros no es democrático ni liberal, sino simplemente vacío. O peor aún: totalitario.

Soros dijo que su objetivo era abrir las sociedades cerradas y, de hecho, ha sido astuto a la hora de encontrar los puntos débiles de esas «sociedades cerradas» a las que apunta, para poder abrirlas. Ocupa el sistema judicial e invade la fiscalía, porque es una herramienta excelente para proteger a los suyos y acabar con los adversarios políticos de la red, como ha ocurrido en Rumanía, por ejemplo. Por eso gestiona los conflictos étnicos, porque el desorden interno puede utilizarse para desestabilizar a los gobiernos y quebrar la voluntad soberana, como ha ocurrido en Albania o en Macedonia del Norte. Por eso exige reformas económicas e impone privatizaciones forzosas, porque es la manera de ganar influencia en la vida y los gobiernos de economías soberanas, como demuestran los ejemplos de Polonia o Ucrania. Y sí, por eso ha apoyado por todos los medios las revoluciones de colores contra la «opresión», para crear confusión y luego derrocar regímenes controlados desde dentro, con apoyo y violencia externos. Su objetivo declarado es, pues, promover la apertura y la libertad, desmantelando lo que considera sociedades totalitarias y cerradas. Pero en realidad, el propio imperio de Soros es totalitario. Para lograr sus objetivos, extiende su alcance a todos los ámbitos de la vida: desde el programa de distribución de leche en las escuelas, pasando por la financiación de revistas y la política de litigios, hasta la injerencia abierta en la toma de decisiones políticas.

El imperio Soros busca lugares estructurales de intervención. Quiere hacerse con el poder cultural. Considera estratégicos la enseñanza superior, la comunicación de masas, la producción, interpretación y control de las noticias, la «democratización» de la ciencia, el dominio de la edición de libros, del mundo del espectáculo, el arte y el cine. Mantiene las instituciones calificadoras y clasificadoras: son las que pueden calificar, pero no pueden ser calificadas (Amnistía Internacional, Freedom House, Comité de Helsinki, Transparencia Internacional). Su objetivo es desmantelar las identidades cerradas en todas partes: «refutar» el concepto tradicional de familia, promoviendo los derechos LGBTQ; «refutar» las naciones, promoviendo la inmigración, el multiculturalismo y las organizaciones y soluciones supranacionales; «refutar» el sentido de la vida, promoviendo el consumo legal de drogas, la eutanasia, el aborto. Apoya las causas abiertamente progresistas, con el afán de desbaratar el orden social, y promueve la desobediencia al poder refutado, desde la resistencia pacífica a las revoluciones de colores.

Soros también es totalitario en los medios de presión política. Construye plazas fuertes y cabezas de puente en todo el mundo. Crea el caos y la confusión para maximizar sus beneficios. Está formando un tremendo ejército de intelectuales, trabajadores de la prensa y activistas civiles. De hecho, la criatura está superando a su creador a través de una vasta red de fundaciones, el trabajo concertado de las ONG, la movilización de las organizaciones de derechos humanos, y con miles y miles de soldados al servicio de Soros. No es el creador, sino la criatura la que invade el Estado, ocupa la primera línea de la vida política, busca ganar influencia, abierta o encubierta, financia organizaciones de oposición, encarcela a la élite política gobernante «corrupta» y crea el caos político, amenazando el orden social y la seguridad de la gente de a pie.

Una característica común de su compromiso político es que ha inspirado protestas callejeras, movimientos civiles y a la prensa progresista de todo el mundo. Formaron a activistas, les enseñaron a «luchar en las calles» y a organizar movimientos de protesta. ¿Le suena? Soros ha financiado procesos de este tipo en Ucrania (la infame Revolución Naranja), Eslovaquia (contra Mečiar) y la antigua Yugoslavia (Milošević).

Es interesante imaginar cómo debe ser cuando uno amplifica sus propias palabras, digamos, cien mil veces. Ni se pueden contar los países en los que en su lugar canta un coro. Pero ¿qué hay de malo en ello, si la intención es buena? Pregunten a los filósofos de ojos honestos. Toda la tesis de Soros se basa en la idea de que el principal impulsor permanezca invisible. Como no tiene que justificarse, no se le puede refutar. La refutación que apunta a la élite dominante existente no la lleva a cabo el propio Soros, sino la red que tiene en nómina. Soros no cree en los votos ni en los mandatos, sino única y exclusivamente en el dinero.

Soros está muy impresionado de estar al mismo nivel que los profesores que se sientan en sus consejos de administración, pero no es que dirija el mundo entero.

Tiene a todos estos eminentes profesores sentados en sus consejos de administración y dicen todas estas salvajadas, como, por ejemplo, que está bien que alguien no entre legalmente en Estados Unidos, pero no está bien que alguien no entre ilegalmente. O: que las mujeres puedan dar a luz está bien en última instancia, pero que los hombres no deban dar a luz no está bien. Soros está muy impresionado de estar en la cima de esto, pero en realidad ha comprado su lugar con dinero para estar al mismo nivel que los profesores y estadistas. Es un poco como Kanye West: un gran triunfador, casi un genio en su profesión, pero un tipo narcisista, inflado de fantasías megalómanas. Ha escrito un libro sobre sí mismo (*Soros on Soros: Staying Ahead of the Curve*) y en entrevistas no ha ocultado su opinión sobre su propia importancia como genio al que el mundo aguardaba.

La filantropía política que ejerce Soros también consiste en que el dinero abra puertas, y hay dinero para abrir las que hagan falta. La filantropía política de Soros se basa en una antropología política profundamente pesimista: según Soros, el hombre está vacío, no le mueven ideales superiores, no le interesa la verdad, el hombre como tal es *nihil*. Por lo tanto, como una página en blanco, se puede escribir cualquier cosa en ella. Hay dinero para comprar a cualquiera. Al vacío Soros le gusta, sin duda, la ironía: pues, ¿hay algo más irónico que el hecho de que sean precisamente los intelectuales liberales que se enorgullecen de su fuste moral y se jactan de su autonomía los que están en su nómina?

Así que Soros compra todo y a todos los que puede. Y al que no puede, lo aparta de su camino con el poder de un imperio totalitario, con su red de redes que se extiende a todos los ámbitos de la vida. Incluso a los líderes elegidos democráticamente, si no son lo suficientemente poderosos o astutos.

En una democracia, el poder proviene del voto. Una gran mayoría de votos es un gran poder. A veces, incluso en democracia, alguien puede ser tan poderoso que cuesta demasiado derrocarlo, y para el especulador multimillonario, más allá de cierto punto, simplemente no merece la pena. Desde este punto de vista, también valdría la pena plantearse la cuestión de por qué hay tantos gobiernos de coalición —es decir, de compromiso, es decir, débiles— en Europa.

Viktor tuvo que enfrentarse a esta criatura, al poderoso imperio de Soros. Y Soros se ha andado por las ramas frente a Viktor, como el gato alrededor de la patata caliente.

* * *

Viktor también le esquivaba.

Aunque Soros propuso en repetidas ocasiones reunirse con él después de 1998, Viktor evitó el encuentro. No quería que Soros le pidiera u ofreciera nada. Evitó la reunión porque sabía que no estaban en la misma liga.

También lo evitaba como un reto, como una tarea que tendría que completar en algún momento si se tomaba en serio lo de gobernar este país.

En 1998, Viktor preguntó a Sándor Csoóri: «Ahora que hemos ganado las elecciones y ha llegado el momento de crear una política cultural nacional, ¿qué consejo tiene sobre cómo hacerlo?». Csoóri solo dijo que no valía la pena hablar seriamente de ello mientras Soros diera más dinero a la cultura y financiara a más gente que el propio Gobierno: «Cuando cambies eso, Viktor, podremos hablar del tema».

A Viktor le pareció lo correcto.

2010

En 2010, la elección de Viktor fue una revolución en las urnas. Por segunda vez, pudo formar gobierno con una victoria aplastante de dos tercios.

Pero había tenido que aguantar ocho años en la oposición. En 2002, las fuerzas favorecidas por Soros volvieron a estar en el Gobierno. En 2002, ya en posición de hacerlo, Soros fue nombrado ciudadano honorario de Budapest (con una medalla de oro de 18 quilates con la inscripción *Civis Honoris Causa Budapestini*, de tres centímetros de diámetro... después de todo, de bien nacidos es ser agradecidos), y en 2004 se le concedió el grado civil de la Gran Cruz de la Orden del Mérito de la República de Hungría. Sus méritos eran reconocidos, la CEU florecía, mientras la crisis económica se agudizaba, y en 2008 volvió a ir a por el banco OTP.

Pero en 2010, llega Viktor. Llevaban doce años sin verse. Se produce otro encuentro —entonces aún no saben que será el último— y, de nuevo, cuando Viktor forma gobierno.

Soros llama a la puerta de Viktor tras la catástrofe del lodo rojo[18]. Su hombre clave en aquel momento, Kálmán Mizsei, le transmitió la petición de que Soros estaría encantado de reunirse con él. Viktor lo invitó a un café en el Parlamento y le pidió que apoyara a las víctimas de la catástrofe del lodo rojo mientras estuviera aquí (Soros lo hizo: donó generosamente un millón de

18 Un accidente industrial en un depósito de residuos cáusticos de la planta de alúmina Ajkai Timföldgyár, en el oeste de Hungría, que provocó el vertido de un millón de metros cúbicos de residuos cáusticos líquidos, o lodo rojo, que inundó los asentamientos cercanos. Diez personas murieron y cientos resultaron heridas

dólares). Pero Soros no vino por eso. Vino a ver a Viktor porque quería continuar sus proyectos sobre los gitanos en Hungría y quería hablar de ellos. A Viktor le pareció muy buena idea; de todas formas, quería hacer muchas cosas, así que había mucho de qué hablar. Viktor le contó entonces que creció en un pequeño pueblo donde siempre había una o dos familias gitanas, que las conocía, y que tuvo compañeros de clase gitanos y se llevaba bien con ellos: «así que soy el que más sabe de cuestiones gitanas en la política húngara», dijo. Soros dijo que pensaba que esa persona era él. De modo que Soros no solo es un húngaro muy inteligente, sino que también tiene sentido del humor. Entonces se acordó que los programas para los gitanos continuarían y, más concretamente, que Viktor no los detendría. Porque bien podría haberlo hecho. Soros tenía una idea muy distinta sobre el significado de la cuestión romaní. Financió organizaciones romaníes que trabajaban para crear una identidad romaní emocional y conscientemente opuesta a la identidad étnica húngara. En cambio, Viktor pensaba en términos de integración para fortalecer la nación. En otras palabras, el romaní era para él una persona húngara, mientras que para Soros, en términos políticos, se trataba de que los gitanos pudiesen organizarse sobre una base étnica, en contraposición a la etnia húngara mayoritaria.

A pesar del acuerdo, el conflicto en materia de romaníes sigue estando presente bajo la superficie húngara. En 2012, cuando se convirtió en ministro, Zoltán Balog dijo que, en lugar de una integración pasiva, necesitábamos una inclusión activa, y que la cuestión de los romaníes era, en última instancia, una cuestión de húngaros. Sobre la cuestión de la inclusión, se produjo un enfrentamiento concreto con Soros, aunque no pudiera hacerse público. La gente de Soros lo ha intentado tanto dentro como fuera. Se rumoreó que Soros quería crear una región autónoma romaní en el norte de Hungría, lo que habría supuesto debilitar al Estado central en la gestión de los conflictos étnicos. Pero Hungría no se convirtió en Macedonia del Norte[19]. Soros lo ha intentado fuera: en 2013, uno de los mayores logros del Gobierno de Orbán fue impedir que la UE externalizara la política de gitanos a Soros. En Bruselas alegaron que ellos tenían los conocimientos para resolver el problema.

Y luego, toda esta lucha solapada sobre la cuestión de los gitanos sería eliminada de la agenda en un abrir y cerrar de ojos por la crisis migratoria que estalló en 2015.

* * *

Si Viktor está gobernando, Soros estará, como mínimo —bajo la superficie, por supuesto—, musculando y financiando a la oposición. Esto era para él tan natural como respirar. Luego vinieron los ejercicios de exhalación: atacar a través de la prensa. Aún era posible defenderse, por así decirlo, de la acusación de falta de democracia: se celebran elecciones, todo el mundo puede ser candidato, el pueblo decide, muchas gracias. También es posible defenderse de las acusaciones de índole económica, porque se puede decir que de aquí partió el país, está en este punto ahora, así que los hechos te protegen hasta cierto punto. Luego, por supuesto, aparecieron las acusaciones de corrupción: es difícil

19 Hasta 1991, República Socialista de Macedonia, parte de Yugoslavia.

demostrar la corrupción y es fácil acusar a cualquiera de estar inmerso en ella. Demostrar que la acusación es falsa, que no hubo corrupción, es prácticamente imposible. La acusación de antisemitismo, como esta última, tampoco es una acusación de hecho: no hay hechos, y si no los hay, no hay lenguaje fáctico para defenderla. Por tanto, no hay defensa. Ni siquiera el hecho de que se haya hecho tanto para frenar el antisemitismo, porque, al fin y al cabo, no se ha hecho lo suficiente.

Viktor se veía a sí mismo bajo el ataque constante del imperio de Soros desde 1992, a través de diversos medios submarinos. Soros está detrás de, al menos, el 90% de los escritos de acusación de antisemitismo contra él, su Gobierno y el Fidesz. Las acusaciones de prácticas antidemocráticas ya se escucharon durante el primer mandato de Viktor, así como a partir de 2010, y también son atribuibles, al menos en un 90%, al imperio Soros.

Entre 2010 y 2014, también hubo problemas muy serios en relación a la manera en que esta red estaba ejerciendo presión sobre organizaciones que no estaban facultadas por nadie, especialmente por el electorado, pero que aun así podían influir en las acciones y el campo de acción de estados y naciones individuales. Por ejemplo, están las llamadas agencias independientes de calificación crediticia. Merece la pena observar cómo reaccionaron estas agencias de calificación crediticia durante el primer Gobierno de Orbán ante, por ejemplo, un artículo de Soros sobre la economía rusa y la estabilidad del rublo, o cuando estalló un pequeño pánico bancario en Hungría en otoño de 2011 por una que otra frase soltada en la prensa extranjera. Soros tocó la trompeta y las agencias de calificación crediticia dieron la voz de alarma. En 2011 se produjo el mismo intento de intervención a vida o muerte que en otoño de 2008 contra OTP, solo que, en esta ocasión, las agencias de calificación crediticia fueron los brazos extendidos de Soros.

* * *

Luego se demostró mil veces la existencia de las redes de Soros tras la aprobación de la ley de medios. No hubo ninguna posibilidad de debate argumentado. Se puso en marcha una maquinaria increíblemente sistemática y arrolladora. Tal era el tamaño de esta criatura creada por Soros que solo una parte de ella necesitaba ser controlada, mientras que el resto, a través del adoctrinamiento o simplemente por su cuenta, hacía su trabajo y echaba más fuego al conflicto.

El imperio de Soros es una red construida profesionalmente y, en gran medida, autogestionada, parte de la cual realmente no necesita ser controlada, porque actúa por convicción. Lo que ocurre, ocurre porque los soldados de Soros creen en su fuero interno que es lo correcto. En la lucha contra ellos de nada sirvió exponer los hechos reales; la que se enfrentó al gobierno de Viktor fue una máquina implacable, despiadada, masiva, inmune a la persuasión.

Cuando hablamos del imperio de Soros, de la lucha Orbán-Soros, lo más importante no son las numerosas organizaciones de magnate, sino su capacidad para subir el volumen si la situación lo requiere, y para bajarlo si los intereses así lo exigen. En otras palabras, son la prensa, los medios de comunicación, los contertulios y presentadores de la radio y la televisión y la intelectualidad los que importan. Son las fuerzas de protección, amplificación, señalamiento y silenciamiento. Ni siquiera a principios de la década de 2010 se podía encontrar en los Estados Unidos artículos que desenmascararan a Soros. Cualquiera que lo hiciera era periférico y extremista, y quedaba excluido del club de la gente seria. O, en otras palabras, se suicidaba. Este sigue siendo el caso en Bruselas a día de hoy. La élite creadora de opinión del *mainstream*, incluida la prensa, aborda los insultos como si Soros fuera una ficción: «¿Soros? Es un Ratoncito Pérez». Y las carcajadas se disparan. La palabra Soros no puede pronunciarse, ni siquiera en medio de la crisis inmigratoria, porque la respuesta es que cualquiera que nombre a Soros es un idiota, un conspiranoico, o lo que es peor: un malvado.

Así que hay una batalla continua en y por la prensa. En Europa hemos llegado a un punto en que en ningún país hay medios de comunicación dedicados en exclusiva a la política, salvo en Hungría. Y cuando todo empezó en nuestro país, estos medios eran un monopolio. Incluso bajo el gobierno de Horn solo había un periódico que no fuera propiedad de los comunistas, el *Magyar Nemzet* (La Nación Húngara) que, por supuesto, también era propiedad de los comunistas, y el día que en sus páginas aparecía algo que no se correspondía con su narrativa, era fiesta de guardar.

De ahí partió Viktor. Luego llegó Bruselas y cayó en la cuenta: ¡Uy! Lo que está pasando aquí no es lo previsto, ¡y eso no se puede permitir! Desde entonces, todo está en llamas.

* * *

La brillante perspicacia de Viktor sobre Soros consistió en entender que la clave de todo esto estaba en el poder judicial. Por eso, después de 2010, Viktor dice: que haya una nueva constitución, que haya un nuevo tribunal constitucional, que haya una reforma judicial. Porque Soros ha intentado inmiscuirse en todas las áreas y todos los asuntos a través del poder judicial y lo ha utilizado para destruirlo todo.

En Estados Unidos, el nombre de Soros se ha convertido en una palabrota y no porque haya inyectado dinero en la política, ni porque haya privatizado al Partido Demócrata, ni porque haya financiado la debacle de algunos políticos (Bush o, más tarde, Trump) y su sustitución por otros (Obama, Clinton). Esto es natural, así funcionan las cosas. Se montó un escándalo cuando se hizo evidente que Soros había metido las manos en el sistema judicial, interfiriendo en el nombramiento de fiscales. La idea de que hubiese penetrado en el estado profundo hizo saltas las alarmas. Ese es el objetivo de Soros: abrirse paso hasta el poder judicial y manejar el sistema a través de él. Así es como entra en todo, incluida la Unión Europea. Su gran éxito ha sido la creación de la Fiscalía Europea y ha conseguido que Kövesi —a quien eligió en Rumanía y es húngaro solo de nombre— sea el fiscal general en Bruselas, al tiempo que está siendo procesado en Rumanía. Hoy tenemos como fiscal europeo a un adepto de Soros que, por supuesto, se queja constantemente de que no tiene suficientes poderes. Así pues, el objetivo de Soros al hacerse con el poder judicial es dictar la ley y, por otro lado, infiltrarse en los tribunales locales allí donde su red se vea amenazada, para proteger a sus propios agentes contra los dictados de la ley.

Viktor ya lo sabía entonces.

No era casualidad que el documento que se iba a crear no se llamara Constitución, sino Ley Fundamental, basada en la *Grundgesetz* alemana, por si pasaba desapercibida. No fue así. Este es el territorio de Soros, y el sistema se pudo en alerta de inmediato. ¿Quién permitió a Viktor crear una Constitución? Es cierto que todos los países de la UE lo habían hecho antes, y que estaba bien, pero, ¿quién se lo permitió a Orbán? ¡A los húngaros no les dejaron ni respirar! Viviane Reding, uno de los agentes más importantes de Soros en la UE, ha estado colgada del cuello de Viktor durante cinco años. Pero cuando se dieron cuenta de lo que estaba en juego, ya no hubo manera de detenerlo.

A partir de 2010, cada movimiento que haga Viktor será un precedente y, por tanto, algo intolerable. Para ellos, la posibilidad de que alguna decisión de Viktor se convierta en un ejemplo a seguir supone un peligro mortal. Hungría no importa y no le interesa a nadie. Viktor podría haber construido una bonita sociedad cerrada en esos 93.000 kilómetros cuadrados. Si no hubiera querido ser un precedente y un contraejemplo a la vez, es muy probable que le hubieran dejado en paz. Pero si lo que hace Viktor es una propuesta alternativa al orden mundial..., bueno, ¡eso es intolerable!

* * *

Sin embargo, hasta 2014 todo el mundo liberal occidental pensaba que, de todos modos, Viktor perdería las elecciones de 2014. Después de todo, se habían hecho cargo de una quiebra en 2010. Soros estaba seguro de que no serían capaces de gestionar bien las cosas; estaba convencido de que fracasarían. Pensaba que bastaba con mantener viva a la oposición y financiarla, que luego ya se haría cargo él. Cuando vio que Viktor llegaba al poder, Soros se imaginó un gobierno kamikaze, como el de Antall: supuso que se desangrarían en el esfuerzo por arreglar la economía. Pero Viktor ya tenía en mente un gobierno ninja. Estaba decidido a que en lugar de él pereciera el enemigo. Al fin y al cabo, es mejor destruir al adversario que acabar muerto en el campo de batalla.

2014

El diablo nunca duerme, pero de vez en cuando se echa una cabezadita.

En 2014, Viktor volvió a ganar las elecciones parlamentarias con una mayoría de dos tercios, y a continuación ganó las elecciones al Parlamento Europeo y las locales. El país se teñía de naranja y volvía a espabilarse. Soros se dio cuenta de que aquello suponía un verdadero problema: si Viktor ganaba en 2014, ¿qué le impediría ganar en 2018, en 2022 y quedarse?

Cuatro días después de las elecciones municipales, empieza el caos. EE. UU. prohíbe la entrada al país a algunas autoridades húngaras[20]... Empiezan las protestas y la embajada de EE. UU. toma la iniciativa. Es en ese momento cuando se dan cuenta de que los últimos cuatro años han estado dormidos y empiezan los problemas. Se produjo un intento de derrocar al Gobierno con continuas acciones coordinadas entre la embajada de EE. UU. y la red de Soros en Hungría.

Aunque no tenemos pruebas irrefutables de que el anciano multimillonario estaba fastidiando las cosas, lo cierto es que la embajada de EE. UU. en Hungría no llevó a cabo ninguna acción sin coordinarse previamente con las organizaciones de Soros que operan aquí. Así que ninguna acción, declaración o manifestación estadounidense después de 2014 podría haber tenido lugar sin que Soros estuviera informado.

---

20 El jefe de la autoridad fiscal de Hungría y varios colegas figuran entre las seis personas a las que Washington ha prohibido la entrada en Estados Unidos por presunta corrupción.

La situación estaba adquiriendo tintes peligrosos, de vida o muerte. Había un pretexto para que Soros interviniera y para que el Fidesz y Viktor cayeran. El gato ya no se andaba con rodeos, estaba muy cerca de la patata caliente y parecía a punto de comérsela.

Fue entonces cuando se pensó por primera vez en darle publicidad al conflicto. En el taller de brujería de Viktor se plantearon seriamente que había que responder a la fuerza con la fuerza. Había que jugar esa baza, lanzar un plan de acción de defensa nacional, incluida la prohibición de entrada al país a Soros.

Al final no fue así. Es posible que se dieran las condiciones para hacerlo, pero Viktor consideró que aún no era el momento.

* * *

Y el poder no hacía más que crecer.

En 2002, la derrota llegó en forma de pedagogía divina. Fue tal el fracaso que la única forma de afrontarlo era aprender de él.

Viktor preguntó a su nuevo asesor, Árpád, si volvería a ser primer ministro. Habony le respondió: «No como Viktor Orbán, sino como un chaval de Felcsút». Lo que en una traducción libre quería decir que no debía olvidar quién era, de dónde venía, qué debía y a quién, y lo que significaba para el pueblo.

Del fracaso electoral también hubo que aprender que no hay edad de oro, que nunca llegamos, que siempre estamos en movimiento, que la política es un largo viaje sin final a la vista. Lo peor que te puede pasar es que te creas tu propio cuento, que has llegado, que estás preparado, que no tienes a nadie de quien aprender y que ya has ganado. Porque la victoria nunca se gana, siempre hay que luchar por ella, no te la regalan, hay que pelearla. Así que el conflicto, la lucha, no es mala; es buena porque puedes evitar un problema mayor. El buen gobierno por sí solo no gana las elecciones. Hay que hacer política. Tienes que construir el conflicto que te construirá a ti y tienes que ir por delante. Tienes que estar siempre a la ofensiva, porque si estás a la defensiva, lo más probable es que acabes perdiendo. Atacar constantemente es arriesgado, pero sin riesgo no hay éxito. Y si no tienes éxito, la gente no te apoyará y no tendrás posibilidad de ganar. Así pues, las reglas de Orbán, como esta y otras parecidas, se han ido ensamblado en una pedagogía divina tras el fracaso de 2002.

Después, la experiencia vino de muchos sitios. En parte se trataba de la propia experiencia y en parte de lo que había que aprender del adversario. Por ejemplo, cómo organizarte de la forma en la que ellos lo hacían. Luego, tener organizaciones. Tener instituciones, civiles, una esfera de influencia. Tener medios de comunicación, presentadores en nómina, tu propia CEU (el Colegio Mathias Corvinus[21] es nuestra Universidad Centroeuropea). Hay que tenerlos dentro y fuera de las fronteras. Hacer los tratados de paz necesarios, porque no podemos estar en guerra con nosotros mismos. Luego, hay que organizar el mundo civil: primero el mundo de círculos civiles, porque traes soldados de donde todavía existen, y tienes que ser capaz de canalizar la ira. Al mismo tiempo, tienes que construir tu propio mundo de expertos e intelectuales. Después, debes tener

21 El Colegio Mathias Corvinus (MCC) es una institución educativa y centro de investigación dedicado al florecimiento de la nación húngara.

los laboratorios de ideas (*think tanks*) y los institutos de investigación. Tienes que desarrollar métricas alternativas, un índice de democracia, elaborar nuevas escalas de evaluación y credibilidad, y reclutar miembros para los jurados e instituciones. Necesitábamos un Megafon[22]. Necesitábamos hacer lo que estaba haciendo Soros.

Gracias a años de duro trabajo, Viktor ha conseguido precisamente eso: construir una maquinaria de trabajo sistemático que ha sido capaz de demostrar su fuerza.

* * *

Después de 2010, Viktor ha visto aumentar su poder también en el Gobierno.

En unos dos años, ha superado el problema de tener que resolver las crisis de la noche a la mañana y ha iniciado un proceso de construcción de la autonomía y la soberanía nacionales. No es que en aquel momento hubiera resultado obvio para todos, pero la forma en que la economía húngara salió de la crisis puso a Viktor en una situación en la que la tarea ya no consistía en romper los grilletes heredados de la estructura económica anterior, sino simplemente en no volver a ponerlos. Esto le dio un pequeño respiro y margen de maniobra. Esto le ha permitido, en sentido literal y figurado, blanquear la economía. Esto no solo ayudó a que entraran en el tesoro muchos miles de millones más, sino a que también se cerrara una serie de resquicios en la economía húngara, lo que supuso un estrechamiento del campo de juego para

22 Una iniciativa para defenderse de los intentos de intervención desde el extranjero y un lugar donde los derechistas pueden expresar sus opiniones con confianza.

los que no estaban dentro. En otras palabras, se redujo su capacidad de influencia. Así que no es solo que estas medidas hayan aliviado nuestra vulnerabilidad, sino que también han limitado la capacidad de penetración de todos los elementos extranjeros. Se han cerrado sus resquicios. Se ha creado un sistema que ha empezado a moverse a nivel sistémico. Y cuando algo se mueve a nivel sistémico, las anomalías se expulsan y salen.

Al estrechar el campo de juego, Viktor siguió la lógica de que, si uno cava un hoyo y una nación cae en él, lo más importante es, por supuesto, salir del hoyo, pero una vez fuera, no hay que detenerse, sino empezar a remontar la cuesta, que es un proceso de acción. Y, mientras tanto, no hay que olvidar nunca quién te mandó al hoyo, porque ahora mismo podría aguardarte otro hoyo más adelante. Y cuando empezaron a buscar a los responsables, el anterior gobierno, Ferenc Gyurcsány[23], fue inmediatamente respaldado por la élite de Bruselas y el mundo de las ONG pro Soros. Así que el problema de Soros se ha ido arrastrando lentamente hacia el horizonte, en paralelo a la expansión de la soberanía y el margen de maniobra.

Este aumento de poder permitió a Viktor asumir una postura de resistencia cuando las entidades civiles y las ONG de Soros aumentaron su actividad. Sencillamente, Viktor se negó a ceder terreno para que cambiaran de opinión. Desde su punto de vista, el conflicto consistía en que las organizaciones financiadas por Soros tenían como principal objetivo impedir que Viktor consiguiera lo que se proponía. Y lo que se

23 Primer ministro neoliberal de izquierdas (2004-2009).

proponía era no tener este tipo de interferencias, ligadas a intereses definidos fuera de las fronteras del país.

Todos los intentos geopolíticos y de acaparamiento de poder de este periodo han reforzado las intenciones de Viktor. Diez años después de 2004, estallan de nuevo los disturbios en Ucrania: una revolución de colores reeditada. Viktor ve que, de hecho, Soros ha rodeado a Rusia. Haría falta un manual de botánica para contar cuántas revoluciones y revueltas diferentes han dado lugar al mismo modelo, basándose en los diferentes nombres de las flores. Y que algo sea una revuelta o una revolución —es decir, si debe considerarse negativa o positivamente— es algo que las organizaciones de Soros y los periodistas pagados por ellas han empezado a determinar en todo el mundo.

Viktor también vio que Hungría estaba rodeada de países que sufrían los ataques del otro bando. Regímenes muy importantes caían de un día al otro. En 2013, la policía detuvo a la mitad del gobierno checo y el primer ministro se vio envuelto en un escándalo de corrupción. Janez Janša, el compañero de armas esloveno de Viktor, acabó en la cárcel, acusado de corrupción. En Rumanía, la fiscalía anti corrupción es utilizada para decapitar a la élite política, de la que, de todas formas, de lo rápido que se sucedían los gobiernos (uno de ellos duró apenas 78 días), no merece la pena ni recordar los nombres. También resulta imposible saber cuántas veces fueros destituidos los líderes en Bulgaria. A nuestro alrededor, los primeros ministros eran defenestrados en un santiamén, simplemente porque no iban en la dirección que debían y, de alguna extraña manera, siempre eran sustituidos por personas vinculadas de un modo u otro a una organización de Soros.

Las aspiraciones de ejercer presión en Hungría fueron desagradables para Viktor, pero fueron los ejemplos del extranjero los que cambiaron las tornas o, al menos, hicieron sonar las alarmas. Si no estás alerta, serás derrocado. No hay perdón para un Gobierno que piensa en términos de ciclos electorales y soberanía nacional. Si no eres capaz de defenderte, Soros te barrerá del campo de juego.

* * *

Viktor tenía «armas» que podían servir para enfrentarse con éxito a Soros.

Entre ellas, un apoyo social superior al 50% y una mayoría de dos tercios en el Parlamento, es decir, estabilidad política. El dúo Fidesz-KDNP gobierna solo, no hay necesidad de formar una coalición y, con una mayoría de dos tercios, se pueden tomar decisiones rápidamente. Además, la gente sale a la calle para mostrarle su apoyo, no para manifestarse contra él: este es el significado político de las Marchas de la Paz[24].

También lo fue una oposición inepta. Soros no tenía dónde poner el pie. Y Soros no es tonto. Este tipo de gente, muy inteligente, que puede ver a través de sistemas muy grandes y que, por lo demás, tienen el alma fría como témpanos de hielo, son capaces de abandonar de la noche a la mañana a la gente con la que trabaja cuando se da cuenta de que son perdedores e incompetentes. Mucho más tarde, en la campaña de 2022, los adeptos de Soros en Hungría dijeron que el multimillonario no quería dar dinero a Márki-Zay. No lo consideraba apto

24 La décima se realizó en 2004, con cientos de miles de participantes.

para el puesto, y la traducción libre era más o menos «he devuelto al río peces más listos».

De estos dos factores surgió un tercero: una oposición activa, es decir, que Viktor no solo no se dejaba comprar y doblegar, sino que él mismo era capaz de tomar la iniciativa y tenía la fuerza para hacerlo. Por lo tanto, la resistencia de Viktor es mucho más eficaz que la defensa contra Soros en otros lugares. Es cierto que los chinos excluyeron a Soros del juego desde el principio, los rusos lo declararon *persona non grata*, los bielorrusos también lo invitaron a marcharse, los uzbekos cerraron durante un tiempo sus oficinas locales, los franceses lo condenaron tras 14 años de litigios y, más tarde, también los croatas lo declararon *persona non grata*. Pero fue Viktor quien se enfrentó abiertamente a él, con una mayoría política de dos tercios a sus espaldas y convirtiendo a una oposición inepta en una ventaja competitiva, de forma que aquello se convirtió en un escándalo internacional. Como resultado de ello, el mundo entero habla de un duelo entre Viktor y Soros.

* * *

En 2014, o un año después, en el aniversario de Fidesz, Viktor Orbán y su amigo Zsolt Bayer se quedan a solas. Hablan de lo que han experimentado a partir de 1988 y dirigen la mirada hacia un futuro no muy lejano. Sigue siendo chocante que ya no queden figuras como nosotros entre los que cambiaron el sistema. Pero el hecho de que existamos, dice Viktor, se debe muy probablemente a que nunca nos hemos vendido; somos una comunidad de amigos y camaradas en el sentido más auténtico de la palabra y, por último, pero no por ello menos importante, nos atrevemos a darnos la espalda sabiendo que podemos ir a la guerra unos con otros porque no nos apuñalarán por la espalda.

El señor George Soros, ese hombre tan inteligente, se equivocó definitivamente en una cosa. Él creía —y así lo demuestra su vida entera— que el dinero puede comprarlo todo, es solo cuestión de averiguar qué precio tiene cada cual. No cayó en la cuenta de que aquí, en medio de Europa, había gente que no estaba en venta.

Soros sigue sin entender cómo puede ser eso posible.

Sin fecha

Plutarco fue quien dijo que no es inútil yuxtaponer vidas paralelas. A través de las semejanzas y las diferencias comprendemos algo del mundo, de la naturaleza de las cosas; solo hace falta superponer bien a los grandes hombres. Necesitamos saber a quién merece la pena comparar con quién, y si las personas que elegimos son realmente comparables. Si lo hacemos así, nuestro análisis no será arbitrario.

Plutarco creía que los héroes de la historia griega y romana, con sus vicios y virtudes, nos enseñan a reconocer los límites de la naturaleza humana y del conocimiento político, y que, a menudo, una observación trivial arroja más luz sobre el carácter de alguien que las mayores batallas, ejércitos o asedios.

Plutarco yuxtapuso las grandes figuras de la historia griega y romana por diversas razones: por la similitud de sus virtudes y pecados; por sus diferencias; porque el segundo imitó al primero, mientras que el primero dio testimonio del segundo; porque compartieron un destino común; porque ambos debieron su ascenso al poder a su propia grandeza; o, por el contrario, porque uno llegó al poder y triunfó por la voluntad de los ciudadanos, mientras que el otro lo hizo contra ella; o porque uno era el favorito de los dioses, mientras que el nacimiento del otro había tenido lugar contra la voluntad de los dioses; o porque uno representaba una verdad y el otro, otra.

* * *

Hay un dicho americano que reza que, si un húngaro entra por la puerta giratoria después de ti, saldrá antes que tú. Pero, ¿y si dos húngaros entran por la puerta giratoria y la puerta giratoria es el mundo? ¿Cuál saldrá primero?

Viktor y Soros. Viktor es un nombre masculino, derivado del nombre latino Víctor, que significa vencedor, ganador. Soros es un supuesto nombre que en esperanto significa «resurgirá». En inglés, *will soar*. El esperanto, por cierto, es cosa de los servicios secretos, y el padre de Soros fue uno de sus mayores exponentes húngaros. Pero volvamos al tema que nos ocupa: aquí hay dos personas húngaras. Uno «ganador» y otro que «resurgirá». Pese a que hay una diferencia de edad cristiana entre ellos, empiezan a involucrarse en política más o menos al mismo tiempo. Ambos vienen de abajo, aunque también es cierto que la mayoría de la gente viene de abajo. Soros sale de Hungría con un maletín, con tan solo 17 años, para convertirse en uno de los hombres más ricos e influyentes del mundo. Viktor viene de un pequeño pueblo húngaro y catapulta a Hungría a los titulares mundiales. Uno y otro son muy listos. Son tan listos que incluso lo admiten el uno del otro. Soros piensa que Viktor es un hombre inteligente y talentoso, y Viktor piensa que Soros es un húngaro listo. De ambos se dice que son grandes búfalos, chapados a la antigua, que harán historia y figurarán en los libros de historia. Tanto Viktor como Soros son hombres hechos a sí mismos: están donde están gracias a sí mismos, a su talento, a sus capacidades. Uno es un gurú, el otro es el jefe. Hacen con facilidad lo que hacen. Pero que parezca que lo consiguen sin esfuerzo no significa que lo que hacen sea fácil. Puede que sea muy difícil, pero les sale con facilidad porque tienen el talento o la experiencia.

Uno es un corredor de bolsa hecho a palos y el otro es un político hecho a palos. Desde Moliére, el término «hecho a palos» significa ser algo a pesar de su voluntad. Soros quería ser filósofo. Un gran filósofo. Viktor quería enseñar en la universidad, quería hacer algo con su título de abogado. Y luego, a falta de algo mejor, uno de ellos se convierte en un multimillonario tiburón de la bolsa y el otro en un primer ministro que bate récords, el político húngaro más importante de los últimos ciento setenta y tantos años, depende del año que se elija para iniciar la cuenta. Quizá tengan tanto éxito en sus respectivas carreras porque ninguno de ellos ha sido aceptado por la intelectualidad. Ninguno de ellos tiene el hábito de perdonar. Ambos duermen muy poco y trabajan mucho. Tanto Soros como Viktor hacen trabajar a su gente, pero no les piden más de lo que dan. Y es que ellos lo dan todo.

Se dice que tienen un toque tanto de historia como de alma. Amados y odiados a la vez. Amar a uno es odiar al otro. Esto también demuestra que son adversarios. Odiar a un corredor de bolsa te reconcilia de algún modo con el alma; amar a un político es mucho más difícil de aceptar. Viktor es, quizás, el único político que es amado sinceramente y adorado infinitamente por el pueblo, mientras que Soros es el mismísimo diablo, y cada uno de sus movimientos va acompañado de desprecio y burla. Entre la élite es al revés: Soros es el bueno, el filántropo. Viktor es el Maligno, un diablo con pezuñas. Esto demuestra que uno lucha del lado del pueblo contra la élite, el otro representa el desprecio de la élite por el pueblo y, si puede haber dos verdades al mismo tiempo, ambos pueden ser ángeles y demonios.

Pero es muy probable que se sientan solos, porque el poder es solitario. Dos hombres de alcurnia. Dos pinos gigantes. Los troncos de ambos abrasados por incendios forestales. Tanto Soros como Viktor quieren triunfar y evitar el fracaso. Ambos piensan que el mundo les espera y que es su deber mejorarlo, y que la verdad no puede ser derrotada, a menos que un adversario diabólico haga trampas. El diablo siempre hace trampas. Por lo tanto, uno debe estar mejor preparado, ser más listo y fuerte, y estar mejor organizado que el otro. Y siempre hay otro. Tanto Viktor como Soros necesitan enemigos.

La política es un juego y gana quien es capaz de sorprender al adversario. Incluso el mayor oponente tiene una debilidad, todo el mundo tiene miedo de algo. Por lo tanto, el miedo es el terreno más seguro para atacar al otro. A ninguno de los dos le gusta defenderse. Les gusta atacar. También saben que la retirada es lo más difícil. Uno y otro creen que sin riesgo no hay éxito, pero que la incertidumbre aumenta las probabilidades en tu contra. Lo único que necesitas es ser listo, audaz, poco convencional, astuto, duro. Los dos utilizan métodos poco convencionales. Son los que asumen riesgos y permiten que otros les sigan. Se abren camino por terrenos inexplorados y dicen: «¡Sígueme!». Así de sencillo, esa es la receta. También dicen que hay que aprovechar el momento —porque no volverá— y que la experiencia es más importante que cualquier otra cosa. No se fijan solo en lo que ocurre, sino en lo que debería ocurrir. Por supuesto, saben qué ocurrirá, pero también quieren saber lo que ocurrirá mientras tanto. Son personas que, en muchos casos, están mirando nuestro mundo desde un satélite, viendo dónde se agitan las nubes. No miran de cerca quién ríe el último en el gran parchís del mundo. Si sacan un uno o son comidos por otra ficha y tienen que volver a casa, no se derrumban, sino que dicen: «Bueno, volveré a tirar para sacar un doble seis». Tienen la ración de impiedad necesaria.

Por eso, en China a Soros lo llaman «cocodrilo» (es una observación antigua que los cocodrilos segregan lágrimas cuando comen y, durante muchos siglos, se creyó que lloraban a su presa) y en Hungría la *intelligentsia* post-Kádár llama a Viktor «el tigre», un depredador despiadado que se pasea alrededor de su presa, juega con ella y la golpea sin piedad. Según uno, si no es posible cambiar, si uno no puede renovarse, debe morir. El otro dice que, si nacen ocho cachorros, siete deben ser arrojados al río. Ambos pueden soportar más que cualquiera de nosotros. Pueden resistir la presión. Por eso, desconfían instintivamente de todo y de todos. Quizá, por eso solo creen en sus propios ojos, pero no tienen reparos en aprender de todo el mundo. Siempre, de quien sea, cuando sea y como sea. Lo que sí saben —y son muy conscientes de ello— es que el mundo es demasiado complicado y hay que simplificarlo. Algunos quieren el bien y otros el mal. Los que no están de un bando, están del otro. Son muy listos y conscientes de lo que les interesa, por eso hay conflicto entre ellos.

Pero, mientras a Viktor le gusta luchar cara a cara como a un boxeador, Soros lo hace como el soldado checo del Toldi[25]: por detrás y haciendo trampas. Viktor, de cara al público, frente al electorado; Soros entre bastidores, oculto al público. Viktor se presenta a las elecciones

25 Narrativa poética de János Arany, 1845.

y cree en el voto; Soros no tiene ninguna intención de confiar su destino al pueblo, apuesta por su dinero. Cualquier movimiento que haga Viktor se enmarca en el orden constitucional; cree que las reglas del juego solo se pueden cambiar mediante acciones legales dentro del orden constitucional y solo si se tiene la autoridad para hacerlo. Y Soros dice que tiene el dinero suficiente para no estar sujeto a la ley; las reglas las establece él. Viktor piensa que un hombre fuerte siempre puede decir, al menos, cinco o seis cosas que nunca haría en ninguna circunstancia. Por su parte, Soros no encontraría una sola cosa que "no se debiera hacer, aunque nos acerque a la meta".

Viktor siempre busca la estabilidad, valerse por sí mismo y no ser derrocado. Y Soros prefiere las situaciones de inestabilidad: el desorden y el caos, porque se pesca bien en río revuelto. Según Viktor, hay que luchar por la justicia con la mayoría detrás. Soros está convencido de que él tiene razón, sin importarle lo que quiera la mayoría. Viktor dice que lo más importante es la soberanía, poder decidir por nosotros mismos. Pero Soros dice que, al hacerlo, damos demasiadas posibilidades de que las cosas salgan mal —podríamos acabar con regímenes soberanos, pero cerrados— y que siempre hay una razón para intervenir. Viktor cree que una estaca clavada en la tierra es más sólida cuantos más golpes recibe. Y Soros cree que una estaca clavada puede ser arrancada de la tierra con un poco de ayuda.

Si tuviéramos una máquina del tiempo y Víctor fuera un legislador romano, construiría un templo a Fides (la diosa de la fidelidad) y Terminus (el límite). Pero Soros dedicaría uno a sí mismo. Según Viktor, hay que proteger las fronteras, porque sin ellas no hay un Estado organizado. Según Soros, las fronteras se interponen a un mundo abierto. Viktor está en contra de la inmigración, Soros la apoya. Viktor se alza sobre el pedestal de la civilización cristiana, Soros cree que ninguna cultura tiene un lugar privilegiado ni importancia. Viktor cree que la familia es la familia, Soros dice que cualquier cosa puede ser una familia. Viktor sostiene que un buen hombre es aquel que pone a su país en primer lugar, Soros piensa que una persona así solo puede ser mala y peligrosa. La libertad no tiene patria porque está en casa en todo el mundo.

Así que hay dos fuerzas opuestas en el mundo y ahora están encarnadas en dos húngaros. En el enfrentamiento entre estos dos se resuelven todos los grandes conflictos del mundo actual. Hay dos banderas tras las que situarse. Viktor sostiene una bandera, Soros la otra.

Ahora bien, la situación se complica por el hecho de que uno piensa que el otro le debe todo. Él estuvo cuando todo empezó, él ayudó al otro a ponerse en marcha, él allanó el camino al otro, él fue su padre en lugar de su padre. Por eso hay que darle las gracias, no apuñalarlo por la espalda.

Plutarco escribió que no había habido un solo parricidio en Roma desde hacía casi seiscientos años: el primer parricida después de la guerra de Aníbal fue Lucio Oscio. Su nombre se conserva en la memoria.

El tiempo del duelo ha llegado.

III.
EL DUELO

2015

El año más importante de esta historia.

Es un punto de inflexión en la pugna entre Viktor y Soros, y un hito en el destino de Europa. Una nueva crisis asoma la cabeza, una nueva era en materia de inmigración de los pueblos. Millones de personas se dirigen a Europa y, cada 12 segundos, llega un inmigrante ilegal a nuestro continente. En las grandes ciudades europeas se suceden los atentados terroristas. Se desata el terror en París, Londres, Múnich.

Comienza una nueva lucha en la que están en juego nuestro modo de vida, nuestros valores y la supervivencia o desaparición de las naciones europeas.

Éva vive y trabaja ahora en Sudáfrica. János Betlen está jubilado y sigue ayudando aquí y allá como traductor. Gábor Horn es un feroz crítico de Viktor en programas de televisión. Fodor es presidente del Partido Liberal Húngaro —que él mismo fundó— y diputado en el Parlamento.

El SZDSZ ya no existe. El MDF ha desaparecido. El MSZP sigue existiendo formalmente, pero nadie entiende por qué, ni cómo lo consigue.

Este es el último año en que Soros visita Hungría y decide que no volverá a poner un pie aquí.

Porque Viktor es el primer ministro.

* * *

Events change everything. Este dicho estadounidense habla de cómo los acontecimientos pueden cambiar las cosas en un instante. Parecía que Viktor y su Gobierno tenían un puñal en la garganta, y estaba realmente decidido que serían derribados. La presión es enorme y, de repente, ocurre algo. El 7 de enero, dos islamistas perpetran una masacre armada en la redacción del periódico satírico francés *Charlie Hebdo*: 12 personas mueren y otras 11 resultan heridas. Europa está conmocionada. Los líderes mundiales expresan sus condolencias por los actos de barbarie cometidos. Viktor también expresa sus condolencias, pero eso no es todo.

Viktor también intenta comprender la razón de lo que está ocurriendo y cree que el terrorismo va de la mano de la inmigración masiva e ilegal a Europa. Y existe una relación directa entre ambos. Como el político hábil que es, llega a los problemas allí donde son más tangibles: Viktor ha hecho política a partir de esta afirmación. Ha lanzado una consulta nacional sobre inmigración y terrorismo. Tres vallas publicitarias cubren el país, con eslóganes tan escandalosos como «Si vienes a Hungría, debes respetar nuestras leyes»; «Si vienes a Hungría, no puedes quitar el trabajo a los húngaros»; «Si vienes a Hungría, debes respetar nuestra cultura». Se produce una gran indignación. Viktor también declara que los actos terroristas son la prueba de que Europa está gestionando mal la inmigración.

Esto creó un nuevo campo de batalla que lo cambió todo en un instante. Se abrió un debate sobre inmigración que planteaba cuestiones como si debíamos preservar o abandonar nuestra cultura cristiana común. ¿Podemos decidir con quién queremos vivir o debemos dejar que otros, desde fuera, la tomen por nosotros y nos impongan grupos de personas ajenas a nuestra sociedad? ¿Sobrevivirán los Estados nación o se disolverán en algún tipo de entidad supranacional (por ejemplo, unos Estados Unidos de Europa, un imperio que acabe con la homogeneidad étnica) a lomos de la inmigración? ¿Tenemos que superar la familia, la nación, la cultura cristiana, porque están obsoletas? Y como representan una identidad fuerte, ¿causan siempre problemas, o viceversa? ¿Solo un fuerte sentimiento de identidad puede protegernos de ser invadidos por una cultura extranjera? Porque los que son invadidos no son dados a acoger.

Se plantearon estas y otras cuestiones similares y se abrió un frente. En un lado, las fuerzas que quieren frenar la inmigración, con la cultura cristiana, la nación y la familia como bandera. No quieren sociedades paralelas, no quieren inmigración. En el otro lado, los pro inmigración, los que se niegan a respetar la decisión (aunque sea democrática) de quienes no quieren aceptar inmigrantes y, por tanto, quieren sofocar la rebelión por todos los medios: cuotas obligatorias, amenazas, chantaje, procedimientos de sanción por una supuesta falta de democracia. En un lado, Viktor. En el otro, Soros.

Solo que este último no era visible ni podía ser nombrado.

* * *

Así que se ha abierto un frente sin compromisos entre los de uno y otro lado. Porque quien diga que la inmigración es irreversible no puede ceder en esto. Porque la naturaleza de las cosas irreversibles es que, una vez que cometes un error, se acabó, no se puede volver atrás. Alemania podía reunificarse, pero una vez que te conviertes en un país de inmigrantes, se acabó, no lo puedes deshacer.

El debate es sobre el futuro. La cuestión es si nuestros hijos vivirán en el mismo país que nosotros. Si los que determinarán el carácter de cada país serán del mismo espíritu, la misma civilización y la misma cultura de sus padres y abuelos, o será algo completamente diferente. Esto es lo que está en juego con la inmigración.

Los partidarios de la inmigración afirman que actuar contra la inmigración es sencillamente incorrecto. No se trata solo de que sea algo inadecuado —que lo es—, sino de que es inmoral, es decir, no tiene justificación moral. Por lo tanto, hay que derribar la valla, dejar entrar a los inmigrantes y darles la oportunidad de mezclarse con los diferentes pueblos de Europa para crear una nueva «calidad».

Los que se oponen a la inmigración respondemos diciendo que no queremos sociedades paralelas, no queremos intercambiar a la población, no queremos sustituir la civilización cristiana por una civilización basada en fundamentos diferentes.

No hay reconciliación posible entre ambos campos. Son dos conceptos diferentes, dos visiones del mundo diametralmente opuestas, entre las que no se puede tender ningún puente. Para uno, la inmigración es un problema de coexistencia; para el otro, es una cuestión de protección de fronteras. Para uno, es el futuro inevitable; para el otro, es una mala solución, que hay que descartar.

En realidad, el problema surgió porque los partidarios de la inmigración decían que nadie debía quedar al margen, es decir, que todos debían convertirse en países de inmigrantes, lo quisieran o no. Así que el meollo del debate sobre la inmigración es en realidad una cuestión de soberanía nacional: ¿tienes derecho a decidir por ti mismo cómo y con quién quieres vivir, o no?

* * *

El caso es que somos herederos de la Edad Media. La esencia de la Edad Media no es otra que el problema de la lucha del bien contra las fuerzas de Satanás. Ahí es donde se dirime todo. Es en este marco donde contamos nuestras historias. Es esto lo que nos permite afirmar que nosotros tenemos razón y las intenciones del otro son malvadas y perversas.

La política estadounidense, en particular, se considera la más fiel heredera de la Edad Media. Somos el Bien apoyado en buenas intenciones y se nos oponen las fuerzas del mal, dice América. ¿Y cómo sabemos que son malvados? Porque quien se opone al Bien solo puede ser malvado. Y contra el malvado están justificados y permitidos todos los medios. Así es como Estados Unidos se convirtió en el dispensador de justicia universal, papel que sigue desempeñando a día de hoy.

Medievo puro. Solo que es una interpretación insostenible. No podemos decir que somos los herederos de la Edad Media, así que hemos reescrito el pasado: por ejemplo, afirmamos que la Edad Media fue oscura. Es difícil llamar oscuro al Renacimiento e Ilustración a una época en la que los ilustrados se asesinaban unos a otros. Pero no nos enfrasquemos en estos pequeños detalles. La reescritura fue un éxito. Así que no somos herederos de la Edad Media, sino de la Ilustración. Somos ilustrados, abiertos de mente, liberales, democráticos, partidarios de la libertad, bienhechores y gente bienintencionada que se siente responsable del mundo y quiere el bien para todos.

Pero, ¡ese es el propio Soros!

El filántropo, el hombre bueno que quiere hacer del mundo un lugar mejor. Soros es el Bien. Y quien ataca al Bien, solo puede ser el Mal.

Es un rompecabezas complicado, diabólico, que no tiene solución. Necesitamos otra solución.

* * *

Hay dos tipos de rompecabezas de alambre. Uno que hay que montar y otro que hay que desmontar.

Para Soros, los Estados nación son rompecabezas de alambre que hay que desmontar. Hay que desmontarlos, romperlos, abrirlos.

Antes de Viktor ya había un rompecabezas de alambre. ¿Cómo se monta un Estado soberano en Europa capaz de defenderse de los constantes intentos de influir en él? ¿Cómo hacer algo distinto de lo que hacen los demás?

* * *

Democracia: sí. Liberalismo: no. Esta es la teoría del Estado de Orbán, en pocas palabras. Es una afirmación sacrílega, porque dice que una democracia no es necesariamente liberal. Y quien rompe los sacramentos, es excomulgado y estigmatizado.

La intención de pensar fuera del liberalismo es que, si todo el mundo está en busca de un camino a seguir, entonces hay que experimentar con algo propio. Las democracias liberales se han acabado: hay que ver qué tipo de Estado puede triunfar en el nuevo orden mundial en el que todo es maleable y está en mutación.

El liberalismo, el orden posterior a 1989, es por tanto la tesis, basada en dogmas como que la democracia solo puede ser liberal, que hay que eliminar. Rusia solo puede ser enemiga de Occidente. La derecha centroeuropea solo puede ser fascista. Los intereses internacionales son más importantes que los intereses nacionales y las organizaciones internacionales son más importantes que las naciones. Y Soros es un filántropo que quiere hacer el bien al mundo.

Viktor ha ideado la antítesis de la democracia anti liberal. Ha convertido a todos en mojigatos. Anti liberal es la democracia en la que no ganan los liberales y pierde Soros. Según Viktor, los liberales están acabados, porque se han contrapuesto al principio nacional, a la cultura común, al concepto tradicional de familia. La política liberal e integradora ha dejado a Europa indefensa ante los inmigrantes, ha dejado entrar a los terroristas y luego ha ocultado la verdad a la gente, al pueblo. Es más, ha prohibido que se diga. La élite liberal se enfrentó así al pueblo, el liberalismo se enfrentó a la democracia. Y Viktor se puso del lado del pueblo y de la democracia. La verdad es que no tuvo que ponerse del lado del pueblo, porque siempre ha estado del lado del pueblo. Durante tres décadas, sin cambios.

Pero este es el mismo frente que ha surgido en la cuestión de la inmigración, solo que se combate en el lenguaje de las ideologías. También se podría decir que un antiliberal está al lado del pueblo, defendiendo la patria, preservando la cultura nacional, rechazando la injerencia exterior, la construcción de imperios y recogiendo el guante que le tiende Soros, mostrando a la gente la verdadera naturaleza del filántropo.

1830

Como escribiera Stendhal: «Si vas a una ciudad en la que nadie te conoce, reta a duelo al hombre más popular». Este es, entre otros, el tema de la obra maestra de Stendhal de 1830, *Rojo y negro*, que, como la ruleta, puede funcionar o no. Pero al menos el espectáculo de la pelea hace que la futilidad de la lucha sea cosa del pasado. Porque solo cuentan la fuerza y la individualidad. Solo esto podemos hacer nosotros, lectores u observadores de la historia. Al igual que la obra de Stendhal es una novela de carrera —aunque tenga un final trágico—, para Viktor todo este asunto de Soros se ha convertido en el comienzo de una carrera mundial.

Viktor retó a Soros a un duelo, el popular hombre recogió el guante y, a partir de entonces, el caso iba sobre ruedas. Viktor iba camino del estrellato mundial.

* * *

La cuestión del duelo entrañaba el problema de cómo ponerlo en escena. ¿Se puede nombrar a Soros? ¿Se le puede retar a un duelo? ¿Hasta qué punto puede uno implicarse en un conflicto ideológico mundial? Estas eran las preguntas.

Viktor habló con muchas personas en ese momento y todas estaban en contra de la escenificación. Rudolf Tőkés, historiador y politólogo húngaro, residente en Estados Unidos, le dijo a Viktor que no se puede entrar en algo así sin salir trasquilado, porque Hungría siempre será un país pequeño que nadie conoce y que a nadie importa. Por eso, puede ser burlado en cualquier momento, y por muy talentoso que sea, el primer ministro de aquel pequeño país que retase a duelo al mundialmente famoso Soros —que cuenta con el respaldo de enormes cantidades de dinero, recursos, influencia y poder—, estaría condenado a perder.

El asesor estadounidense de Viktor también se opuso al reto. En una ocasión, cuando uno de los politólogos indicó que abandonaba la reunión antes de tiempo porque tenía que salir en un programa de televisión, Arthur le preguntó inquisitivamente cuál era el tema que se iba a tratar. La respuesta fue «Soros». Arthur perdió completamente los nervios y dijo: «¡Eso sí que no! ¡Eso está prohibido! ¡No sabéis lo poderoso que es este hombre y el daño que puede hacer!».

No solo Arthur, sino muchas otras personas inteligentes dijeron que era en nuestro propio interés que Viktor siguiera luchando como lo había hecho hasta entonces, es decir, sin entrar en un conflicto abierto, porque era una batalla perdida. Que debajo del agua continuasen las patadas, la pelea, la lucha, el desplazamiento, pero que arriba, por encima del agua, Viktor no debía admitir lo que ocurría abajo. Pero Viktor pensó: «Esto no es bueno, porque si seguimos así, perderemos. Y eso podría ser un gran problema».

Enfocar la cuestión de manera distinta a como la hacían los demás formaba parte del carácter de Viktor. Siempre observaba las cosas desde el otro lado de la mesa, o elegía una perspectiva diferente, una luz distinta. Primero analiza la perspectiva general y después, se sitúa al otro lado y mira también desde allí, para ver si es correcto. Solo entonces empieza a pensar estratégicamente. Si le dices que, a nivel general, se está mirando un tema desde una única perspectiva, él te dirá: «Bueno, eso es solo lo que dice todo el mundo». Si se sigue la corriente de opinión mayoritaria, no funcionará, pero si se hace el esfuerzo de analizarlo desde un ángulo diferente, puede que funcione. Eso es lo que pasó en el caso Soros. Mientras que todo el mundo estaba en contra de la idea de enfrentarse abiertamente a Soros, Viktor analizó la situación desde su propia perspectiva y concluyó que esa era la estrategia correcta.

Así que fue idea de Viktor mencionar a Soros directamente y eso es algo típico de él: nadie se habría atrevido a atacar a Soros, porque nadie pensaba con tanta antelación. Fue una decisión estratégica importante, por supuesto, pero Viktor es capaz de tomarlas y esa es otra de las cosas que lo diferencian de los demás.

Viktor se dispuso a hacer su camino. Primero convenció a László Kövér, luego a la presidencia de Fidesz y, después, las cosas se desarrollaron a su manera. Viktor estaba convencido de que este era un juego que se podía ganar si la partida se mantenía por encima del nivel del agua. Creía que, si hacía público el conflicto, si presentaba al verdadero Soros a la opinión pública, la mayoría del pueblo húngaro se pondría de su parte. Como los recursos de Soros seguían multiplicándose en la batalla «bajo el agua» y los suyos no, Viktor era cada vez más dado a pensar que acabaría perdiendo. Y, por supuesto, no quería perder. Se dijo que tenía que elevar la batalla por encima del nivel del agua e invitar a la gente a participar en ella. Razonó que «nadie nos defenderá salvo la democracia, porque solo tenemos tanto poder como nos dé el pueblo. Así que lo mejor —y lo más justo— era presentar todo el conflicto a la gente. En términos de principios democráticos, ello suponía mostrar al pueblo que existía un conflicto, que nos enfrentábamos a una fuerza organizada y que la gente se jugaba el pellejo. Tenían derecho a saberlo».

Obviamente, no da lo mismo en qué momento ocurre todo esto. Basta pensar en la paciencia y la fuerza de voluntad que se necesitan para esperar dos décadas para vengarse. Viktor sintió que había tomado la decisión correcta en el momento adecuado. Justo cuando se podía tomar una decisión de este tipo. No es casualidad que no lo hiciera inmediatamente después de 2010, aunque ya entonces sintiera el impulso de hacerlo. Así que esperó a que se presentase el momento oportuno, la ocasión correcta: la cuestión de la inmigración. Entró en el conflicto adecuado, en el momento adecuado, con el poder adecuado detrás y siendo plenamente consciente de lo que estaba haciendo. Estaba convencido de que un duelo en público sólo le podía favorecer.

* * *

Hay una regla en el Fidesz que dice que si te metes en una situación complicada, tienes que explicar al mundo en cuántas más estamos metidos: nosotros hacemos esto, el otro bando hace lo otro, y de ahí sale esto y aquello. Ni siquiera era un requisito que la conclusión de Viktor fuera la correcta; el hecho de describir la situación hacía que el conflicto fuera comprensible para la gente desde el principio.

Otra regla de Fidesz es que, para ello, no hay que manipular necesariamente lo que ocurre, pues basta con describir la realidad de manera justa. En otras palabras, la realidad, los hechos, ayudan al divulgador. Es una fuerza externa objetiva que da credibilidad adicional al divulgador, y esta fuerza se incrusta luego en el inconsciente colectivo, creando la sensación de que tenemos tanta razón que sencillamente no podemos perder.

* * *

Toda la cosmovisión liberal occidental —su marco de pensamiento y lenguaje— fue moldeada en gran parte por Soros, y su influencia y atractivo eran indicativos de sus influencias (intelectuales y de otro tipo). Era tan fuerte que resultaba muy difícil oponerse a ella, o incluso argumentar en su contra. Lo explica muy bien el hecho de que, cuando Viktor presentó su plan de Estado antiliberal en 2014, se encontró con una resistencia ciclónica, ya que no concurrían ni el momento ni la ocasión para un enfrentamiento. Y no será hasta 2019, cinco años después de que se anunciara la idea, cuando Viktor podrá justificar con confianza su propia propuesta. Además, Soros nunca ha entrado en conflicto abierto, siempre ha prestado su ayuda en nombre de ciertos valores. Luchó en política de tal manera que siempre estuvo bajo el agua, no se le podía ver y, desde luego, no se podía decir que Soros, su red o su imperio estuvieran detrás de algo, ya que estas palabras no se podían pronunciar en política internacional, porque inmediatamente exclamaban que era una teoría de la conspiración, antisemitismo o cosas por el estilo.

El mérito de Viktor fue que, en un momento dado, durante la escalada del conflicto de la inmigración, dijo claramente que no íbamos a aceptar esta manera de luchar, que el partido de waterpolo que se había estado jugando hasta entonces —donde todo el mundo hacía cosas bonitas por encima del agua mientras que por debajo del agua se destrozaban los bañadores, tenía que terminar. Así que ya estaba bien. La gente tenía derecho a saber qué quería George Soros y quién era en realidad y, entonces, Viktor mostró de repente quién estaba detrás del estandarte pro inmigración. Dijo: «Vamos a sacar a la luz al tío George». Y resultó ser una buena táctica, porque si hay algo que Soros odia es ese tipo de publicidad.

El conflicto de la inmigración tiene un documento clave que Viktor se guarda en el bolsillo y que de vez en cuando se lleva consigo a Bruselas, para usarlo como el billete del gordo de la lotería si le atacan. Todo empezó cuando, tras la inundación de Budapest por inmigrantes en el verano de 2015, Viktor escribió un artículo sobre sus seis puntos para hacer frente a la crisis migratoria. Apenas tres días después, Soros respondió. El Proyect Syndicate publicó los seis puntos de Soros, que se tradujeron al húngaro en un santiamén. En el artículo, Soros señaló que lo que había escrito Viktor no era buena idea, y que había que hacer lo que había escrito él. Europa necesitaba los seis puntos de Soros. Pero con esto, Soros convirtió el conflicto en algo personal. La fórmula era Viktor o Soros. Tienes que elegir, porque solo uno de ellos puede tener razón. En este asunto, no puede haber paz, no puede haber acuerdo, no hay nada que pactar, porque incluso transigir es una derrota. A partir de ese momento, la cuestión de la inmigración quedó clara para todo el mundo, que por fin pudo ponerle caras: Soros quiere traerla, Viktor quiere detenerla. La capa de la cuestión de la inmigración se posó así sobre los hombros de los duelistas y sobre el campo de batalla, e hizo que la historia fuera comprensible para todos.

* * *

En algún momento de 2015, Zsolt Bayer y sus amigos estaban sentados en la redacción del diario *Magyar Nemzet*. De repente, entró Gábor Liszkai, el director, y dijo: «¡A por Soros! ¡No hay que andarse con tantos remilgos!». Zsolt y sus amigos estaban realmente enfadados porque Soros no paraba de revolver y revolver el estiércol, y estos no veían el momento de lanzarse contra él. Pero sabían que era una cuestión peliaguda, porque aunque Soros es, efectivamente, el villano principal, si alguien le ataca se pone inmediatamente en marcha la narrativa de que está echando pestes de los judíos y es un apestoso antisemita. Zsolt argumentó que Meyer Lansky era el jefe de la mafia explícitamente judía (junto a Al Capone) y dijo: «Si describo a Meyer Lansky como un criminal mafioso, entonces soy antisemita, ¿no? No tiene ningún sentido». Aunque Zsolt tenía razón, dejaría de tenerla en el momento en que atacara a Soros. Todas las firmas que se atreven a atacar a Soros automáticamente pasan a formar parte de la lista de culpables de antisemitismo.

1941

El escritorio de Viktor siempre está lleno de libros. Se amontonan unos encima de otros. Abiertos, apilados, marcados, doblados o simplemente apartados. Hay un pequeño y delgado libro en particular que ha captado su interés, y leerlo ha sido una alegría. En 1941, C. S. Lewis escribió *Cartas del diablo a su sobrino,* uno de los libritos más entretenidos de la literatura cristiana. En él, el autor aborda la fe cristiana desde el punto de vista del diablo. En las cartas, un diablillo de mayor edad y más experimentado, el tío Escrutopo, da consejos a su sobrino Orugario sobre cómo seducir el alma de un creyente, alejándola del enemigo, el propio Jesucristo.

Ahí tenemos el gran engaño. A los soldados del diablo no se les ordena que hagan el mal, sino que se les dice que lo que hacen es bueno y, finalmente, se embauca al mundo entero con el engaño de que quien sirva al diablo sirve al Bien. Una de las cartas dice que el hombre elegido está ya casi convertido, y al diablillo le dan el consejo de que haga sonar las tripas del hombre, para que tenga hambre. Así lo hace, y cuando está a punto de convertirse y le suenan las tripas, el hombre se da cuenta de que tiene hambre y sale a buscar algo de comer. Y cuando vuelve del espacio espiritual al espacio humano, se da cuenta de lo cerca que estuvo de pensar algo realmente estúpido.

La carta del tío contiene consideraciones, tramas y prácticas enrevesadas como esta, y cosas como que lo que cuenta no son los argumentos, sino los eslóganes. El negocio del diablo es cegarte. Se trata de conseguir un agravamiento permanente de la situación. Hacemos nuestro mejor trabajo cuando apartamos ciertas cosas de nuestras almas. Se necesita proceder con perseverancia y a sangre fría. La malicia debe dirigirse al círculo interior y la benevolencia al círculo exterior más alejado. Y las emociones humanas deben dirigirse hacia el futuro, por eso preferimos sistemas de pensamiento como la evolución creativa o el humanismo científico, porque la nada es poderosa y el odio es nuestro brebaje.

En otras palabras, tenemos que tergiversar, engañar a la gente hasta que crea que el mal es bueno. Porque, citando otra frase, la verdad del infierno es muy realista, solo le interesan los resultados, que nada tienen que ver con las explicaciones.

* * *

Los seguidores de Soros tenían la filosofía de que había que construir esto disfrazándolo de otra cosa. Y esa otra cosa era algo particularmente descarado y un desafío chusco: decir sin tapujos que eran los salvadores del mundo.

Soros tiene una filosofía de vida, éxito a nivel mundial, una historia personal y una vocación que se deriva de ella, y no es lo bastante estúpido —porque entiende cuál es la función de esto— como para utilizarlo para sus propios fines. Así que toma el viento en la vela que le conviene: en concreto, pone en sinergia los intereses de dominio nacional o incluso mundial de Estados Unidos con sus propios intereses, y los retuerce de tal manera que pueda decir que aquello es suyo, porque es lo bastante vanidoso como para quedarse adherido como una etiqueta, y el poder establecido estadounidense no siente que Soros esté trabajando en su contra. La metodología, la definición básica del truco —o, si se quiere, la regla número uno de Soros— es que no se debe mostrar de ninguna manera verosímil lo que está sucediendo. A veces, por supuesto, se revela el tejido, a veces se revela la verdadera naturaleza del viejo caballero, como cuando acometió contra la libra esterlina, o trató de apoderarse del OTP, o se entrometió en las minas macedonias, pero se cuidó de no mostrarlo. Y también dicen que el Bien es tan bueno que lo tapa todo. En eso consiste el cuento ficticio de la filantropía: en tratarnos como a niños.

Por eso, cuando Viktor sacó a Soros a la luz, lo mostró al público y dijo que era un verdadero problema; de hecho, que era el problema número uno. Para Soros, este fue el pecado original que Viktor podía cometer contra él.

Porque Soros es realmente el número uno del mundo, capaz de retorcer las cosas y convertir su dinero en poder político sin tener que gobernar estos países, sin tener que competir y asumir responsabilidades políticas. En lugar de eso, ha ideado una solución mucho más sofisticada: él está en todos los puntos multiplicadores, y se limita a dar las órdenes y a mover los hilos. Está claro que tiene más poder que un primer ministro. Si hace falta, puede acabar con Macedonia en un abrir y cerrar de ojos. Porque él puede tocar los puntos clave de acupuntura en todas partes y obtener económicamente el mayor beneficio con la menor inversión posible, de modo que el mensaje o la instrucción que emite pasa a través de toda su red —incluyendo toda la prensa mundial, hasta los boletines de noticias de Camboya— y lo hace todo con ayuda de unas diez personas. Mientras tanto, Soros es invisible, innombrable, no existe.

También está presente en Bruselas sin estar presente. Oculta su presencia como si no existiera. Por supuesto, hay reuniones con los principales líderes, donde es recibido con honores de jefe de Estado, porque no puede reprimir su vanidad, pero, más allá de eso, Soros es invisible.

* * *

Así que Soros también está cubierto en Bruselas. Esto es lo que ocurrió con sus seis puntos. Fueron incorporados a varios documentos de la UE, incluidas las propuestas de la Comisión y, a partir de entonces, nunca se hizo referencia a él como el plan Soros. Se han lavado los trapos sucios y se han atado los cabos para que sea imposible saber de dónde salió el concepto. Ese fue el primer paso de la desaparición.

Luego vino la siguiente tergiversación. Las distintas ONG empezaron a dar protagonismo a determinados puntos del concepto como mensajes propios para las demás. No se trataba de copiar y pegar, sino de retocar y cambiar, manteniendo el contenido, de modo que a medida que avanzaban las iteraciones fuera desapareciendo el origen del plan.

A esto le siguió una fuerte escalada en el Parlamento Europeo, con cada vez más grupos políticos poniendo el tema en su agenda, pero, de nuevo, los argumentos y puntos de vista se movían de un lado a otro, al igual que la forma de abordarlo. La ALDE enfocó los puntos de Soros como una cuestión de derechos humanos, los socialdemócratas como una cuestión de escasez de mano de obra e inclusión social, pero el gran planificador hacía tiempo que había desaparecido, ya que una vez más desmontaron el plan y cada uno lo respaldó con su propio conjunto de argumentos y principios narrativos.

La situación era más complicada en el Partido Popular, donde el «A sus órdenes, mi coronel» no funcionaba, porque había diferentes escuelas. Así, por ejemplo, los países mediterráneos estaban encantados de apoyar la cuota obligatoria, pero a medida que nos acercábamos geográficamente a Europa Central, la situación cambiaba, por lo que el método seguido aquí fue alzar la voz de los partidarios, que, por cierto, estaba controlado por los alemanes, y así es como el plan Soros se convirtió en la posición del PE, mientras perdía completamente su carácter. Y cuando a Viktor se le ocurrió decir que Soros tenía un plan, de nuevo hubo risas. ¿Qué plan? ¿De quién?

Soros también se dio cuenta de que era conveniente presionar a través de EE. UU., pero que en el caso de Hungría no era suficiente; que la presión de la UE era más efectiva, porque ahí era donde estaba el dinero, ahí era donde estaba el grifo del oro, que se podía cerrar, y desde ahí era más efectivo acosar a Viktor y a Hungría. Soros se dio cuenta de que había que mantener bajo presión a Hungría en Bruselas y a los georgianos en Estados Unidos. Por ello cobraron mayor valor los antiguos alumnos de Soros en Bruselas.

Además, Soros estaba usando a la UE sin tener que dar un céntimo. En Bruselas se le considera un gran donante, pero en realidad Soros está utilizando Bruselas para financiar sus propios proyectos. Esta es otra sinergia. Porque Soros necesita el proyecto para poder poseer un ejército y tenerlo financiado y que diga con ojos brillantes «George». Pero cuando se filtra que varios eurodiputados son agentes de Soros o están en su nómina, eso no se convierte en un escándalo mundial, sino que simplemente se ignora, no hay consecuencias, las cosas siguen su curso. ¿Agentes de quién? ¡Vamos!

Y, ¿cómo son estas personas, cómo son estos «soldados de Soros»? El soldado de Soros es, sin duda, un hombre despistado. Son personas que creen en algo de forma decidida, pero son extremadamente ingenuas. Algunos son infantilmente ingenuos y otros, agresivamente ingenuos. Estos últimos son los que más odio difunden. A menudo arrastran a académicos para añadir credibilidad al mensaje, pero son los ingenuos los que hacen el trabajo diario, son los que están dispuestos a llevar hasta el final el plan de Soros, a cualquier precio. Por eso fueron elegidos. El trabajo de la gente de Soros era hacer a Soros más ruidoso mientras ocultaban a su líder, y construir el capital intelectual para precocinar la toma de decisiones.

Su trabajo era demonizar a Viktor.

Esta demonización, además, perdió su carácter fáctico desde el principio. Dibujaron a Victor basándose en la fascinación de la naturaleza humana por el misticismo. Ahí estaba el ángel Soros, protegiendo a las personas vulnerables, dándoles dinero, trabajando incansablemente para difundir el bien. Así que hay un anciano desinteresado que, a pesar de su avanzada edad, pone mucha energía en hacer del mundo un lugar mejor. En comparación, Viktor es el malvado de la Europa del Este. ¿Qué clase de personas son los europeos del Este? Los desclasados, los que llegan tarde para unirse, los bárbaros que, si no siguieran cachondeándose de Occidente, hace tiempo que Occidente habría cambiado el mundo para mejor. Viktor es simplemente un malvado que quiere impedir que este anciano decente, filántropo y generoso, lleve a cabo su programa para cambiar el mundo, mientras él se llena los bolsillos. Roba el dinero que le dan los occidentales y, aprovechándose de la credulidad del pueblo húngaro —engatusándolo—, construye algo monstruoso, y todo porque es malvado. Nunca se ha contado cuál es el problema de Viktor con la política de inmigración. A nadie le importaron los argumentos que tenía o las afirmaciones objetivas que se hacían del lado húngaro, pero existe el Bien y existe el Mal. Viktor es el demonio con pezuñas, el que está trabajando de todas las formas y por todos los medios posibles para vencer al Bien, para derrotar a Soros, desde este país a espaldas de Dios, y esto es algo que no se puede tolerar.

* * *

Es cierto que Viktor también tergiversó, sabiendo muy bien que solo la astucia funciona contra la astucia.

A Soros siempre le ha preocupado la cuestión de la inmortalidad. «Mi verdadero objetivo», dice en una entrevista, «era sobrevivirme a mí mismo». Soros siempre quiso ser filósofo, quería ser recordado por sus ideas.

El hogar de las ideas en la cultura occidental es la universidad. El propio Soros fundó una, con sede en Budapest. La CEU, o la Universidad de Soros, como la llamaban los adeptos de Viktor, es el corazón y el alma de todo el fenómeno Soros. Como dijo uno de los suyos aquí, la CEU es su legado político más importante, su proyecto principal, su legitimación: es la joya de su corona. Y eso es lo que Viktor atacó.

De hecho, fue una provocación, y Soros fue tan imprudente —lo que no es en absoluto propio de él— que cayó ante la provocación. Fue decisión de Viktor que la

Universidad de Soros no fuera atacada ideológicamente —aunque podrían haberlo hecho—, sino desde el punto de vista del Estado de derecho. Se decía que todas las universidades debían estar sujetas a las mismas leyes, Soros se había concedido privilegios durante la época de Fodor como ministro y el círculo de Soros quería mantener esta posición privilegiada. El Gobierno dijo entonces que esto se había acabado, y que, como todas las demás universidades húngaras, la CEU debía integrarse en el sistema legal húngaro, y que «lo llevaremos a cabo, lo quieran o no».

Así que Soros recibió el golpe y recogió el guante: convirtió la universidad en una cuestión ideológica. Nació así un conflicto de intereses, que Soros elevó a dimensiones mundiales en un instante. La impresión de que en Hungría hay una batalla entre el Gobierno y el mundo de Soros, e incluso entre el primer ministro y Soros, se ha extendido por todo el mundo.

Viktor diría más tarde que, en este duelo, la Universidad de Soros fue el mejor caso. En realidad, los casos de esta naturaleza son las llamadas micropartículas en política: en realidad no importan, es el adversario quien decide en qué se convierten. Soros tendría que haberse guardado de reaccionar ante esto, pero lo movía su corazón. Le encantaba estar aquí en Budapest, tenía un apartamento en lo alto del edificio de la CEU, le gustaba dar largos paseos por el centro de la ciudad, sentarse en la terraza de un restaurante y comer un buen guiso sin que nadie lo reconociera; no necesitaba guardaespaldas. Se sentía en casa, se sentía joven. Sentía que esta era su ciudad, su país. ¿Cómo se atrevía Orbán a hacerle eso? Después de aquello, Soros ya no pudo venir a Budapest: no pudo y no quiso. Le dolió mucho lo que le hizo Viktor, y le dolieron las consecuencias, que se le hiciera imposible responder, que se hablara mal de él, que se le empezara a odiar. Eso era lo que no podía soportar.

Para él, el caso húngaro es una cuestión personal. También se fijó el objetivo de derribar la tesis de que ninguno puede ser profeta en su tierra, él quería ser profeta en su propio país, y quería ser aquí el mayor de los profetas. Por lo tanto, para él fue un gran insulto personal haber tenido que ir a Viena, pero, como dijo Viktor: «Esto no nos desanima ni nos entristece».

Así que Viktor golpeó a Soros donde más le dolía, en el centro de su corazón. Soros iba a dejar al mundo la CEU, con sede en Budapest, y entonces llega Viktor y le dice: «¡Espera!». Encima, Viktor incluso pone un póster del diablo, lo pinta en la pared y dice: «Aquí está, es el Mal».

Soros no podía tolerar eso. ¿Qué se había creído Orbán? ¿Cómo se atrevía? Soros convirtió el tema de la universidad en un asunto mundial, y entonces Viktor vio que «estaba escrito por todas partes, incluso en mi frente, que el Gobierno húngaro es anti Soros. Soros me convirtió en una estrella mundial. Hoy no estaría en ninguna parte si George Soros no me hubiera creado una marca gracias a la Universidad de Soros, una marca que no ha perdido fuerza desde entonces».

2018

No puedes volver a meter la pasta de dientes en el tubo.

El duelo ha terminado. Viktor ha ganado. Ha ganado las elecciones, de nuevo por dos tercios. Ha quedado demostrado para todo el mundo que Fidesz ha sido la peor inversión del tío George.

El 20 de junio de 2018, el Parlamento húngaro vota la séptima enmienda a la Ley Fundamental, con la adición de un nuevo texto para combatir la inmigración ilegal. Ese mismo día, el Parlamento aprueba el paquete Stop Soros. En agosto, Soros traslada la oficina de la Open Society Foundations de Budapest a Berlín y es nombrado Hombre del Año por el *Financial Times*. Y, para fastidiar a Soros, Viktor habla de que tiene planes hasta 2030. En 2030, Hungría será un país que se vale por sí mismo, con un Gobierno soberano y el imperio de Soros expulsado. Soros tendrá 100 años para entonces y, de estar aún vivo, tendrá que ver cómo Viktor sigue siendo el primer ministro de Hungría. Esto es lo que pasa cuando al diablo le da un infarto.

Un año después, en junio, la CEU celebrará su última ceremonia de graduación en Budapest. Alex, el hijo de George Soros y miembro de su Junta de Gobierno, transmite los saludos de su padre a los estudiantes que se gradúan. La CEU traslada su sede de Budapest a Viena. Aunque, hoy en día, si uno pasea por el centro de Budapest, puede pasar por delante de un bello e imponente edificio con un cartel que proclama, de forma orgullosa y legible, Universidad Centroeuropea. Soros recibe el Premio Ron Ridenhour al Valor. No es Viktor quien se lo entrega.

Estamos en 2018 y Soros tiene 88 años. Salta la noticia —no querían hacer mucha prensa, pero algo había que decir al respecto— de que transfiere 18.000 millones de dólares de su patrimonio personal a sus fundaciones. En otras palabras, se está llevando a cabo el acuerdo entre Soros y el Gobierno de EE. UU. El balance del acuerdo es 20 a 80. 20% de los activos privados, 80% de los activos públicos, y eso se queda en el sistema de fundaciones. Correcto, como lo hacen en Occidente. Soros recibió una enorme suma de dinero para la subversión política —bajo el poder blando— en algún momento en la década de 1980. Hizo este trabajo, ganó mucho dinero con ello —así que no solo lo gastó, sino que ganó dinero— y hacia el final de su vida, le dijeron: «Vale, esto es tuyo, puedes llevártelo a casa, es tu propiedad privada, pero el resto tienes que dejarlo en el sistema, tu hijo lo gestionará». Sale George, entra Alex.

Plutarco escribió en alguna parte que cuanto más recibe un hijo de su padre, menos puede hacer por sí mismo.

A Viktor le pareció un pensamiento sabio.

* * *

Según la Iglesia medieval, el pecado no es una característica humana, sino el resultado de las artimañas del diablo, por lo que el hombre debe estar constantemente en guardia contra su tentación. La tentación es siempre seductora, porque quien negocia con el diablo o pacta con él obtiene enormes riquezas y poderes sobrenaturales. Pero en nuestros cuentos populares, el diablo puede ser derrotado. El que lo consigue no suele derrotarlo por la fuerza física, sino por una mayor fuerza intelectual. Vence porque es más listo que el diablo o porque lo supera, como se muestra, por ejemplo, en cuentos folclóricos húngaros como *Matías el hambriento*, donde los diablos, tras ser engañados, dicen: «Prefiero ceder el oro a que nos arruine, porque Matías es más diablo que nosotros».

* * *

¿Qué significa la victoria?

Viktor ha sido más astuto que Soros. Mediante artimañas, ingenio, ideas extravagantes y tergiversación, ha sido capaz de hacer añicos la imagen de Soros como filántropo bienintencionado que apoya todas las causas buenas del mundo. Hasta ahora, éste era un rompecabezas imposible de resolver. Nadie lo había conseguido antes. Porque si atacas a la gente buena solo puedes ser malo, si atacas los buenos principios solo puedes hacerlo en nombre del Mal. Además, Soros es judío, y quien va a por un judío también es antisemita. *Se acabó el juego.* Has perdido, Soros ha ganado.

Viktor superó a Soros abriendo el juego y haciendo todo esto público: presentando a la gente a Soros, la naturaleza de la lucha, lo que estaba en juego. La ideología había desacreditado cualquier movimiento anti Soros hasta ese momento, y esto se rompió con la publicidad. Cada vez más gente empezó a sentir que lo que Viktor decía y hacía era una teoría explicativa basada en hechos, de modo que quien atacaba a Soros ya no era una minoría sectaria.

Además, Viktor no solo presentó al verdadero Soros al público, sino que también invitó al pueblo a participar en el conflicto. Lanzó una consulta nacional, celebró un referéndum sobre la cuota de aceptación de inmigrantes, y el mensaje de las elecciones fue que los votantes debían decidir si Soros u Orbán debían formar gobierno en Hungría. La gente apoyó a Viktor, la consulta nacional sobre Soros terminó con una participación récord; el referéndum sobre la cuota, aunque no tenía validez legal, abrió un enorme mercado político: más de tres millones de personas apoyaron a Viktor, y las elecciones se saldaron con otra mayoría de dos tercios. Resultó ser que la mayor fuerza es el imán y esa fuerza es la que atrae a la gente.

Pero para llevar este conflicto a escena no solo hizo falta Viktor, sino también Soros. En todos los lugares en donde Soros ha intervenido, ha ganado dinero e influencia; en todas partes ha tenido éxito, en todas partes ha sido racional. En esos casos, es un profesional nato, frío como el hielo y sin ninguna moral. Viktor, en cambio, lo provocó con la CEU, eso tocó el corazón del viejo caballero y Soros enloqueció. Respondió al desafío y atacó públicamente a Viktor.

Paradójicamente, también ayudó a Viktor no estar en la misma liga que Soros. Realmente, es una lucha entre David y Goliat. Está el primer ministro de un país de diez millones de habitantes que, por muy talentoso que sea, no deja de ser el primer ministro de un país de diez millones de personas, con el poder económico, el PIB y la exposición de un país de diez millones de personas, enfrentándose a este Goliat moderno. A un poderoso que ha gestionado quién sabe cuántas crisis en quién sabe cuántos países, con escenarios similares, actores similares, interpretaciones similares... y centros de financiación. Sin embargo, al ser atacado por Soros, y al convertirse en el enemigo número uno, el poder de Viktor es ahora no solo su propio poder, sino también el poder de todos los adversarios de Soros y, por supuesto, viceversa.

Viktor ha ganado invirtiendo la lógica de la lucha contra el magnate. Cuando, por ejemplo, los rusos declararon *persona non grata* a Soros, se trataba de que Soros era igual a Estados Unidos, la CIA, los servicios secretos y todo eso. Pero Viktor le dio la vuelta a la tortilla: no dijo que los que creaban problemas fueran los servicios secretos estadounidenses, sino el propio Soros. Viktor personificó toda esta lucha y, al hacerlo, la tradujo para todo el mundo, la hizo comprensible. Hoy en día, nadie dice que son la CIA o el *deep state* los que están haciendo esto, sino que es Soros. También lo dicen en Estados Unidos.

Al poner la cara de Soros en los carteles, Viktor también lo ha convertido en el Mal. Así que Soros no es el Bien personificado, y no se trata de filantropía; se trata de que Soros quiere destruirnos, quiere incitar a los emigrantes a venir, quiere alterar el orden social, quiere dictar cómo debemos vivir. De modo que debemos detener a Bruselas, es decir, a Soros. Con este duelo, Viktor se ha convertido en un actor global, una estrella internacional, una cara de póster mundial; porque quien vence al que figura en un póster mundial se convierte en una figura de póster mundial. Viktor se ha convertido en uno de los grandes: en 2019, todos los peces gordos se reunirán con él, porque creen que deben hacerlo.

Pero detrás de eso hay un coraje sin precedentes. ¿Enfrentarse al poder hegemónico? No se ha dicho, pero se enfrentó al *hegemón*. Podría haber sido aniquilado. Viktor podría haber sido encarcelado, al igual que muchos otros políticos de nuestro entorno en la cuenca de los Cárpatos[26], tal como estaba trazado en el plan. Antes de las elecciones de 2022, se hablaba públicamente de que, si la oposición ganaba aquí, no despegarían aviones, todo el mundo iría a los tribunales, habría confiscación de bienes, cambiarían las leyes aprobadas por dos tercios con una mayoría del cincuenta por ciento y se derogaría el orden constitucional de Orbán.

¿Qué habría pasado si Soros hubiera ganado? Eso es más o menos lo que muestra la Polonia de hoy. Pero lo que es seguro es que, como primer paso, en un espíritu de internacionalismo, buena voluntad, búsqueda de soluciones comunes, cooperación y solidaridad, habría aplicado las normas y mecanismos que Viktor había vetado previamente en Bruselas, y Hungría se habría convertido de un plumazo en un país de inmigrantes. Al mismo tiempo, habríamos beneficiado a la prensa, habríamos vuelto a estar a la vanguardia de la democracia, e incluso habríamos recibido un montón de elogios y alabanzas de Bruselas. Entonces, Soros habría recuperado su dinero. Después de todo, la política económica de Viktor —lo que podría llamarse, más apropiadamente, política de soberanía— le ha causado al viejo caballero una grave pérdida financiera. Seguramente le habría dado vuelta, ¿por qué querría tener pérdidas? Y nosotros, los votantes húngaros, habríamos pagado el precio. Al final, se habría asegurado de que no volviera a ocurrir: Hungría necesitaba que la metieran en vereda, callar y conformarse con un lameculos en el gobierno.

---

26 La región geográfica en la que se encuentra Hungría y que antes de 1920 pertenecía al Reino de Hungría. También conocida como Cuenca Panónica.

* * *

¿Por qué es esta lucha la que se ha convertido en paradigmática?

Aunque la resistencia a Soros tuvo éxito en algunas de las antiguas repúblicas soviéticas, no se convirtió en paradigmática. ¡Qué interesante que no se sentara precedente en Malasia, Yugoslavia, Turkmenistán! Hungría se ha convertido en uno, y no por Trump, sino por la inmigración. Trump es solo una consecuencia.

Viktor era un líder mundial en la lucha contra Soros. Nadie en las democracias occidentales había asumido antes un conflicto abierto con Soros. Hubo quienes se enfrentaron a él en Oriente y en Occidente —llegó a tumbar la libra esterlina, por cierto—, pero incluso entonces, los británicos optaron por luchar bajo el agua. En el mundo occidental al otro lado del Atlántico, fue sin duda Viktor el que rompió el hielo, el que dijo: «¡Vamos a dar batalla!». Pero si entras en combate, no puedes luchar a medias, porque entonces estás acabado. He aquí otra regla de Orbán.

Y una más: si no sabemos contra qué luchamos, no podemos aspirar a triunfar. Así que tuvimos que analizar qué era el fenómeno Soros y cuál era su mayor fuerza. Y la respuesta fue: su carácter sistemático. Es la idea, formulada por Karl Popper, de que cualquiera que anteponga su nación a otras naciones —ya sea en su corazón o en su mente— es un mal hombre. Es difícil calificar esta idea de brillante o compleja. Así que no era una cuestión del poder de la mente, sino del hecho de que Soros había conseguido seleccionar, integrar en su sistema y enseñar sus métodos a personas capaces de realizar un trabajo sistemático. Hacía falta mucho dinero, y

Soros no tenía problemas de presupuesto. Pero fueron su propio talento y habilidad los que le permitieron construir sistemáticamente un imperio que, sistemáticamente, hace su trabajo. El imperio de Soros se levanta, hace su trabajo, se acuesta, se levanta al día siguiente y vuelve a empezar. Todos los días se levanta, trabaja, se acuesta, se levanta, trabaja, se acuesta. Muchos «sorosianos» trabajan X horas al día. Así que la mayor fuerza de Soros es su sistematicidad y numerosidad: hay mucha gente, en muchos lugares, bien organizada, coordinada y comunicada, que hace su trabajo todos los días. Es muy difícil defenderse de esto porque es una gran maquinaria, es como una apisonadora que se abre paso hacia ti de forma lenta pero segura.

El secreto de la victoria de Viktor es que vio que era una apisonadora.

Una apisonadora que avanza sistemáticamente y no puede ser detenida por nada. No puedes tumbar una apisonadora con una moto, solo con otra apisonadora. Si quieres derrotarla, tú también debes construir una maquinaria sistemática. La apisonadora de Soros frente a la tuya. Tienes que poner tanto trabajo como pone Soros. Que trabaje aquí tanta gente como trabaja allí, el mismo número de horas. El principio de Viktor es que también su gente tiene que levantarse cada mañana, trabajar, acostarse, levantarse otra vez y hacer el trabajo. Porque es la única manera, porque no se reza a la orilla; hay que remar hasta ella.

Las legiones romanas funcionaban de tal manera que, hasta el último movimiento, hasta el último dispositivo, estaba pensado, desde el campamento hasta la marcha, desde la batalla hasta la retirada: todo estaba organizado con gran reflexión. Cuando Roma estaba en su apogeo, las legiones romanas solo podían ser derrotadas por legiones romanas. Esa es la historia de Pompeyo y César. Un sistema construido de manera sistemática y cuidadosa solo puede ser derrotado por un sistema igualmente sistemático, cuidadosamente construido y despiadado.

Pero los países pobres del Este no son capaces de organizar sus propios Gobiernos de esta manera, y mucho menos defenderse de Soros. Solo por esta razón, las acciones individuales no podían sentar precedente. Según Viktor, Soros fracasó en Hungría porque aquí los instintos y las capacidades de construcción del Estado son fuertes. Soros podía haber pensado que esto era Europa del Este, pero en términos de capacidad de construcción del Estado, pensamiento constitucional y cultura de gobierno, este es un país occidental con un estilo de gobierno arraigado desde hace más de mil años.

Sin embargo, lo que ha hecho Viktor es demostrar al mundo entero, desde Argentina hasta Nemesmedves, que es posible luchar contra Soros, y que esta lucha puede librarse con éxito. Solo hay que ser lo suficientemente persistente, valiente, inteligente, educado y decidido. Porque, hasta entonces, todo el mundo sabía que la gente de Soros se dedicaba a minar e interferir, pero optaba por mantener el rabo entre las piernas; hasta que Viktor se enfrentó abiertamente a Soros, nadie se atrevió a recoger el guante.

Así que lo que ocurre en la lucha contra Soros es lo mismo que con la democracia antiliberal: se convierte en un precedente. «Créeme, amigo, si yo puedo hacerlo —y solo somos un país de diez millones de habitantes, como una gota en el océano—, tú también puedes, porque eres mucho más grande y más fuerte». Por eso es importante ir a ver al presidente argentino, al presidente brasileño, a todos ellos. También al futuro presidente estadounidense, que semana tras semana invoca a Viktor como el hombre fuerte de Europa. No es casualidad que el *New York Times* ya esté escribiendo que la alianza entre Trump y Orbán es extremadamente importante para 2025, para el mundo en su conjunto. Ambos son contrarios a la inmigración, rechazan la democracia liberal y quieren la paz en Ucrania. Detrás de esta lista, podemos afirmar sin temor a equivocarnos que Soros apoya la inmigración y la democracia liberal, y que si por él fuera continuaría la guerra. Así que, una vez más, es Viktor o Soros.

La conclusión es que ya no es que la política blanda estadounidense defina a la húngara, sino que, desde que Viktor derrotó a Soros, nosotros definimos a la estadounidense, quizá lo más sorprendente desde que el mundo es mundo. Cuando Viktor visitó a Donald Trump, aspirante a la presidencia, a principios de 2024, declaró lo siguiente a la televisión húngara tras volver a casa: «Hoy en día, Hungría es vista en Estados Unidos como un país especial. Un país diferente al resto. Ven a Europa como un gran océano progresista en medio del cual hay una isla, Hungría, que está tratando de vivir de manera diferente; pensar de manera diferente; comportarse de manera diferente; hablar en su propio idioma; haciendo política conservadora, y no solo hablando de ello, como los Estados Unidos, sino haciéndolo».

Viktor se ha convertido en una figura de culto extremadamente popular en los círculos conservadores estadounidenses, incluso se dice que el Partido Republicano alinea su plataforma con él, y Trump lo considera un aliado importante. Cuando le pregunté al guionista germano-estadounidense Collin McMahon —que ha trabajado para Disney, entre otros, y también es autor de importantes libros sobre Soros— cómo ven a Viktor en Estados Unidos, dijo que Viktor es la piedra angular del conservadurismo europeo y de la resistencia a la agenda de Soros. Es muy importante para Fidesz trabajar con los republicanos del movimiento MAGA[27] en Estados Unidos y otros gobiernos patrióticos de todo el mundo para desenmascarar a la red de Soros y a las ONG como Acción por la Democracia que atacan la democracia en Hungría, entre otros países, a través de la injerencia electoral ilegal.

Viktor es, por tanto, una piedra angular. Un punto de referencia. Una figura clave. Una estrella internacional que marca el camino para el mundo. ¿Es bueno estar en el mapa mundial? El camarada Kádár opinaba que era bueno para Hungría estar en la portada de los periódicos de todo el mundo solo en relación con las medallas de oro olímpicas. Quizá haya algo de cierto en ello, pero aún no está claro quién tiene razón. En cualquier caso, Viktor se ha convertido para el mundo en el chico de los carteles que ha vencido a Soros. Porque, aunque Hungría sea un país pequeño y a nadie importe, lo que está haciendo Viktor puede ser muy peligroso. Porque, por ejemplo, Argentina, toda Hispano América o la India ya importan mucho. Importa mucho lo que pase allí.

Soros también está agitando las cosas en la India: apoya a movimientos y elementos contrarios al país, y hace todo lo posible por debilitar su carácter nacional y nacionalismo, utilizando para ello a las ONG que

27 *Make America Great Again.*

financia, a los medios de comunicación y a la intelectualidad. Pero esta historia ya la conocemos, y también es cierto que Soros hace lo mismo en todas partes e intenta interferir en la India para conseguir sus objetivos. Soros —que considera el nacionalismo como la principal amenaza para el mundo— ve los esfuerzos del primer ministro indio, Modi, por crear un Estado hindú, como un peligroso paso atrás. Soros está haciendo todo lo que está en su mano para asegurarse de que no tenga éxito. Pero en la India ya han cogido el relevo. En una entrevista, el ministro de Asuntos Exteriores adopta el mismo tono, los mismos giros y la misma perspicacia que Viktor en su ataque a Soros. «El señor Soros es un hombre viejo, rico y caprichoso, sentado en Nueva York; sigue pensando que sus criterios deben determinar cómo funciona el mundo. Si pudiera detenerme ante el viejo, rico y caprichoso hombre, le ignoraría. Pero es viejo, rico, testarudo y peligroso... Realmente cree que no importa que India sea un país de casi 1.400 millones de habitantes cuyos votantes deciden qué rumbo debe seguir el país. Soros es un ejemplo extremo, pero hay otras manifestaciones de esta mentalidad en diferentes países, donde personas como él imaginan que unas elecciones son buenas si gana su candidato. Si la elección produce un resultado diferente, dicen que es una democracia enferma. Lo bonito es que todo esto se hace con el pretexto de una sociedad abierta, de la transparencia». Así que también en la India, el país más poblado del mundo, está teniendo lugar una revolución —o resistencia nacional— a Soros inspirada por Viktor. El *Hindustan Times* informa a diario sobre el nombre del primer ministro húngaro y ahora se llama a Soros por su nombre, siguiendo el ejemplo húngaro.

También hay una revolución «al estilo Viktor» en Hispano América. Cuando Viktor estuvo en Argentina, no solo el presidente argentino, sino también los presidentes de Bolivia y Paraguay, le preguntaron: ¿y ahora qué? Todo el mundo está mirando a Viktor. Cuando fue al Consejo Túrquico y todo el mundo estaba alborotado, el ruido cesó en cuanto Viktor empezó a hablar.

Viktor es una superestrella en cualquier parte del mundo. Está rodeado de un amor irracional. Ni siquiera saben dónde está este país y se hacen *selfies* con él en Buenos Aires. Son cosas que no se pueden explicar y que no necesitan explicación. Esto es así, y que tengan un buen día.

* * *

¿Cómo ha sido capaz de ganar Viktor?

Hablando de cosas que no se pueden explicar, también habría que explicar cómo Viktor fue capaz de derrotar a Soros.

Ganó porque fue valiente. Quién sabe de dónde, de qué fuente sacó fuerzas, pero tuvo el valor de enfrentarse al caudillo y asumió enormes riesgos, incluso personales. Tuvo la fuerza y la resistencia necesarias para seguir luchando. Así que el coraje personal es siempre lo más importante. Ganó porque Viktor es un hombre libre y Soros es un hombre maniatado. El compromiso de Viktor con la libertad, con la libertad de su nación, ha demostrado ser más fuerte que los intereses del maniatado Soros. Ha ganado porque tenía razón. En la cuestión de la inmigración y en muchas otras, Viktor tenía, tiene y tendrá razón, y la posición de Soros es insostenible. Un hombre que no tiene país no puede obligar a los que sí lo tienen a abandonar el suyo. O ha ganado —como hemos visto antes— porque ha demostrado que así es como actúa Soros. Al hacerlo, lo ha desmitificado, y Soros ya no goza en la política mundial del halo de hombre de negocios filantrópico que hace el bien a la gente.

Estas son las explicaciones más o menos racionales.

Los que leo siguen, su gente, son propensos a dar explicaciones de carácter irracional. Que Viktor simplemente no puede evitarlo, que es la cruz con la que debe cargar, que ha sido elegido para esta misión, que su destino es luchar contra el Mal. Porque Dios siempre encuentra algún medio, porque tiene que encontrar un medio para contrarrestar el poder del Mal, y uno de esos medios podría ser Viktor.

Por tanto, la explicación va más allá de la razón humana, tanto más porque es humanamente imposible resistir esta presión. Sus más allegados dicen que, sencillamente, no se puede tener un sistema nervioso así. Es imposible. Tiene nervios tan gruesos como su brazo. Así que no hay ninguna explicación racional de cómo puede soportarlo. Las personas de gran relevancia hoy en día tienen una clara ventaja y una clara desventaja en comparación con las de antaño: si todo va bien, tienen más tiempo para realizar grandes hazañas, porque los logros de la era moderna les dan una vida más larga que, por ejemplo, a Alejandro Magno. La desventaja es que hay que controlar cada momento, porque en este contexto tecnológico ya no hay un momento libre e independiente. Es una presión insoportable. Ser un gran búfalo hoy en día es una presión inimaginable. Pero Viktor puede soportarla y lo hace. Sin apenas dormir. Desde que amanece hasta que anochece, habla con gente, se reúne con ellos, los escucha y tiene alguna idea para todo. Y la gente lo adora. Es como si percibieran algo de esta irracionalidad. Porque lo quieren irracionalmente. Realmente no hay mucha explicación racional para eso en la desacralizada política actual.

* * *

¿Qué piensa Soros al respecto?

Uno de los colaboradores de Soros contó en una ocasión que el primer ministro albanés —que es un hombre muy inteligente, que mantiene buenas relaciones tanto con Viktor como con Soros, y cuya exmujer es la directora de la Fundación Soros en Albania— le preguntó una vez al magnate cuál era el conflicto entre ambos. Soros intentó responderle de forma desenfadada: «Dos húngaros listos que se pasan de listos, eso es lo que pasa».

Soros siempre ha respetado a Viktor, lo ha admirado por su inteligencia. En parte, por supuesto, porque cree que tiene algo que ver con los logros de Viktor y con el hecho de que esté aquí. Financió los estudios del grupo de Viktor. Si no hay Soros, no hay Viktor, y no hay Fidesz, piensa Soros. Y desde luego piensa que lo que Viktor le hizo es, en cierto sentido, un parricidio. Nunca hubiera pensado que Viktor atacaría su legitimidad personal, que colgaría su retrato en los carteles y que expulsaría a su universidad. Se sintió afrentado, inmerecidamente humillado.

Wesley Clark, excomandante en jefe de la OTAN, miembro del Consejo de Administración de Action for Democracy, una de las piezas más importantes de Soros, habla en un vídeo[28] filtrado de su impotencia frente a Viktor. Orbán es un tipo inteligente, lleva 30 años en política, sabe lo que hace y por eso es un oponente muy duro.

Y para colmo, tiene éxito. Ya solo por eso, los guiones de Soros no han funcionado, mientras que en otros sitios sí. Para Viktor, el éxito es el factor más importante. El imperio de Soros no es sensible a la verdad. Solo es sensible al poder. Necesitamos el éxito. Viktor ha dicho en repetidas ocasiones —también en Estados Unidos— que la derecha debe entender que la verdad histórica y cotidiana no es suficiente para ganar, porque solo puede mostrar fuerza mediante el empoderamiento del pueblo, y el pueblo quiere éxito, quiere prosperar. Y la vida de un país solo puede estar bien organizada si la gente sabe que si pierdes, pierden ellos, porque tu fracaso les afecta a nivel personal. Si en una democracia las masas sienten que no tienen nada que perder a nivel personal, la gente te abandonará y adiós al éxito. Por supuesto que a Soros le interesa el éxito, pero solo puede ganar, solo puede hacer revoluciones de colores si hay un descontento social abierto, es decir, si hay un mal gobierno. Así que la motivación más fuerte para el buen gobierno, sin contar su convicción interior, es el propio George Soros.

Por algo intentaron entrometerse en las elecciones húngaras e intentaron destituir a Viktor varias veces, porque para Soros lo que hace Viktor es un contraejemplo peligroso, con mucha energía organizativa invertida en ello. Soros sabe que no está tratando con un puñado

28 Asesor de Action for Democracy: *¿Por qué controla George Soros la política de Hungría?*

de piratas informáticos, ni con un gobierno ninja, sino con un ejército bien organizado en el que todo el mundo sabe lo que hace. Y la maquinaria que Viktor ha construido hace su trabajo sistemáticamente y es muy estable, aunque solo sea por la existencia de enemigos como Soros. De hecho, la existencia de Soros es uno de los factores más importantes para la estabilidad. Y de ahí surge la energía. Según Viktor, «los pequeños húngaros sólo tienen una oportunidad contra el gran Soros si unen sus fuerzas y se convierten en grandes húngaros». Esta es una gran era húngara. Y Soros lo ve.

Al igual que puede ver —porque Soros tiene ahora su sede en Berlín, donde también miran la política con un criterio regional, no solo nacional— que lo que está haciendo Viktor está rodeado de un aura. Es principalmente regional, pero desde las elecciones holandesas ya se puede ver que tiene una dimensión europea, que podría tener consecuencias para el eje de poder en Europa, e incluso para Europa en su conjunto. Porque lo que está haciendo Viktor se está extendiendo a Polonia, Eslovaquia, la República Checa, Eslovenia, Austria. Todo esto está muy bien, incluso Italia es, de hecho, Europa Central, pero el hecho de que Viktor se esté convirtiendo en un punto de referencia en la región atlántica, también en los Países Bajos, y que aquellos que lo utilizan como punto de referencia sean capaces de ganar, es algo muy peligroso. Viktor espera que la próxima etapa sea la victoria de Le Pen, y esta expectativa demuestra por sí sola que Viktor es más que una espina clavada bajo la uña y más que un palo metido en la rueda de la carroza.

Viktor es un adversario peligroso y está entre medias.

2022

Una guerra rara vez acaba cuando se declara oficialmente terminada.

* * *

Y los planes siempre se ven alterados por la vida.

En 2020, el COVID irrumpió en nuestras vidas y lo cambió todo. La pandemia exigió que los gobiernos en acción consideraran todo en el contexto del virus, organizaran el Estado y, organizando el Estado, derrotaran en última instancia a la pandemia. Hungría pudo defenderse con éxito del virus porque tenía una política de acción: tenía un Gobierno capaz de actuar, tenía la voluntad política de organizar su defensa. La política de acción tenía la fuerza y los conocimientos necesarios para llevar a la organización estatal a la guerra. Podía conseguir que la gente aceptara las restricciones de civilización, sociales y económicas, que afectaban a todos. El Estado húngaro y las estructuras de defensa no se derrumbaron aquí (a diferencia de, por ejemplo, en el norte de Italia, Bélgica o Rumanía) y actuaron pese a la tensión. Con capacidad de actuación en la lucha contra la epidemia, no pasó la prueba de la perfección, por supuesto, pero se mantuvo firme y actuó relativamente bien —si se puede decir así— cuando se trató de vidas humanas. Y en la carrera por ser el primer país en presentar la imagen de país seguro, Hungría —gracias, en parte, a su exitoso programa de vacunación— se ha convertido en un líder europeo, capaz de organizar grandes acontecimientos internacionales (la Eurocopa de fútbol, las celebraciones del 20 de agosto[29], la visita del papa) en un entorno seguro y concurrido. Ha podido ponerse en marcha antes, eliminar las restricciones y recuperar la vida normal.

Viktor ha salido fortalecido de esta crisis. Parecía estar en plenas facultades, con grandes esperanzas y grandes planes para la campaña de 2022. Todo el mundo estaba un poco aliviado, sentíamos que habíamos superado lo más duro, que habíamos superado dos años de pruebas difíciles.

Y entonces estalló la guerra en el país vecino.

* * *

Ucrania.

A nadie le interesa Hungría, y lo cierto es que Ucrania tampoco. La guerra ruso-ucraniana fue provocada. No necesariamente porque el hijo de Biden adquiriera tierras y Dios sabe qué más cosas allí, sino por no cumplir deliberada y conscientemente el acuerdo de Minsk, por violarlo deliberadamente, poniendo así a los rusos contra la pared en una situación creada de antemano. Los arrinconaron, y a los rusos no les quedó otra opción que la que vemos hoy. Porque si no llegan a hacer nada, Ucrania se convierte en miembro de la OTAN y la OTAN les da por el culo. De haber seguido así, habrían tenido que devolver Crimea, lo que habría sido un guion impensable para Rusia.

El caso es que Ucrania es un proyecto de Soros.

29 Día de la fundación del Estado húngaro, del rey san Esteban I y del pan nuevo.

Es cierto que a nadie le importa Ucrania, Kiev no importa, pero Moscú sí habría importado. Soros dijo, muchos años después de sus comienzos, que la creación de la Open Society Foundations en la Unión Soviética era su acto político más importante. Ha invertido mucha energía y mucho dinero en Rusia. Pero ha fracasado. Mientras Yeltsin estuvo en el poder, Soros estuvo al acecho. Putin es una figura imperdonable e intolerable porque Soros tuvo que salir de Rusia por su culpa. Ucrania pudo haberle servido de trampolín para volver a Moscú. Y tuvo que ser Ucrania, porque necesitaba plantar los pies en alguna parte. Había sido expulsado con éxito de un buen número de Estados del espacio postsoviético, y Budapest había perdido su estatus de «cuartel general», gracias en gran parte a los esfuerzos de Viktor. Por tanto, el peso pasó de nosotros a Ucrania. Lo correcto habría sido que trasladara su universidad no a Viena, sino directamente a Kiev.

Soros también se ha dado cuenta de que la clave de la región, junto a Estados Unidos, es la UE. También vio que Bruselas era impotente, por lo que necesitaba estar allí para decirle lo que tenía que hacer. Y lo que ocurrió fue que Ucrania se convirtió en un proyecto modelo. Un plan para sacar de quicio a Rusia. Es difícil explicar de otro modo que una persona cuerda anuncie en Ucrania que quiere entrar en la OTAN, y también está claro que no lo anunció por sí mismo. A este hombre se lo inventaron. No descartemos la coincidencia, pero hay motivos para sospechar. Así que hacen una serie de películas en las que ponen al hombre del pueblo en escena, luego presentan a ese hombre del pueblo a las elecciones, consiguen el poder y luego anuncian la afirmación. *Misión cumplida.*

La posición de Viktor no estaba predeterminada en este conflicto. Para entender la intransigencia de Viktor, años antes, durante la Primavera Árabe —donde de nuevo Soros y Estados Unidos fueron los principales instigadores—, Szájer sugirió a Viktor que fuera a Túnez o a Egipto, como habían hecho los demás. Aparecer con alguien allí, hacer un gesto, decir algo amable. Pero Viktor se negó y todo quedó en nada. Al estallar la guerra en Ucrania, en una atmósfera mundial similar, cuando el mal que se había construido con gran esfuerzo ante tus ojos, en tu vecindario, se veía finalmente obligado a actuar, no era en absoluto obvio que la respuesta entonces fuera la «calma estratégica». Hacía falta Viktor. Y para atreverse a hacerlo, Viktor necesitaba una situación electoral.

Tanto en lo relativo a la Primavera Árabe como al conflicto ruso-ucraniano, Viktor tuvo la astucia de decir «¿a dónde corremos?» Veamos cuál será el resultado a diez años vista. Se trata, por cierto, de una forma de pensar perfectamente lógica, típica, por cierto, de Orbán. Cuanto mayor es la confusión, más tranquilo hay que estar, y entonces Viktor anunció que las sanciones no funcionaban, que se necesitaba un alto el fuego y la paz, y volvió a ganar las elecciones en su país por dos tercios, frente a una oposición respaldada y orquestada por Soros. Pero su discurso le deja solo en Europa.

Soros abordó la guerra como aborda todas las demás cuestiones. Están los buenos que quieren el Bien, y el que se opone es el Mal. Soros y los EE. UU. dirigidos por los demócratas han conseguido que toda Europa esté a favor de las sanciones y de Ucrania. No han permitido ninguna otra postura, han eliminado la posibilidad de un debate razonado, y cualquiera que lo intente es empujado hacia el lado del Mal. Y, al igual que antes habían construido Rusia para el Mal con un esfuerzo desmedido, lo mismo está ocurriendo con nosotros en presente perfecto continuo, una especie de presente continuo. Esperemos que el resultado no sea el mismo. Además, Soros, con esta narrativa del «bien y el mal» —y con el refrán de que hay que estar en el lado correcto de la historia— también ha conseguido desacreditar el concepto de «paz» en Europa. Toda Europa quería ir a la guerra, y a Viktor, que, por el contrario, decía que debía haber paz, lo han pasado al lado oscuro. Esta es, por cierto, una habilidad bastante sorprendente de Soros. Rusia se ha convertido en el Mal y la bandera de Ucrania aparece en todos los ámbitos europeos. No se puede asistir a un partido de fútbol sin verla ondeando. Viktor se enfrentó a esto y volvieron a ponerle la marca del diablo. Los que apoyan a Ucrania son los buenos, y los que no la apoyan solo pueden ser los malos. Esta es la lógica de Soros.

Cada semana, Bruselas empezaba con el relato de que, si Moscú hacía algo, era casi como si lo hubiera hecho el mismo Orbán. Lo hicieron circular por la prensa occidental y se construyó el retrato: Putin es el villano principal y Orbán su sirviente. Entonces empieza el juego en Bruselas, que se resume en 1:26. Pero Viktor creía que siempre se podía dar la vuelta a un partido, incluso si vas perdiendo 26 a 1. Semana tras semana, todo giraba en torno a Viktor. Desafió las sanciones, desafió a la UE endeudándose solo para tomar de Estados Unidos la financiación de Ucrania y lanzar el dinero sin contar a un pozo sin fondo. Viktor también ha lanzado la cuestión de la adhesión de Ucrania a la UE tan alto que el mundo entero está esperando sin aliento a ver lo que va a hacer a continuación. ¡Que Hungría deje de desafiar al mundo! ¡Que deje de desafiar al poder hegemónico! Imaginemos al pobre Biden sentado en su habitación; entra su secretaria y le dice: «Señor presidente, tenemos un problema, Hungría se está poniendo difícil. Es Orbán otra vez... Orbán dijo que... Orbán no está dando el dinero que usted ordenó a Ucrania». ¿Cómo es eso? Y esto sucede cada semana o cada dos. Es un juego de la gallina real, pero increíblemente arriesgado. Y el juego de la gallina consiste en que vean en tus ojos que estás dispuesto a hacerlo. Y lo ven en los ojos de Viktor, y eso tiene un efecto demostrativo.

Pero Viktor sabe lo que hace, porque el conflicto de Ucrania es por un lado sobre la paz, cómo conseguir la paz aquí de nuevo (bueno, si Trump gana, traerá la paz), pero por otro lado es la cuestión más profunda de la soberanía y, de nuevo, está en contra de Soros. Porque desde un punto de vista de lógica formal, si hay una guerra allí y Hungría dice lo que tiene que decir (lo que dicen los demás), en ese momento pueden esperar varias cosas de ti: (1) que estacionen tropas en tu territorio; (2) que dejes de comprar petróleo y gas a los rusos, es decir, que seas vulnerable en materia energética. (La otra cara de la moneda es que los rusos seguramente no habrían tratado con nosotros, no habríamos conseguido petróleo ni gas ni nada, y podríamos haber traído gas de esquisto y Dios sabe qué otras cosas, según como podamos y al precio que ofrezcan los estadounidenses). Así que si dices lo que tienes que decir, en ese momento eres vulnerable, tanto en términos de tu territorio como de tu economía. ¿A merced de quién estás? De los estadounidenses. ¿Y qué pasa después? Pasará lo que quieran los americanos. En otras palabras, aquello por lo que has estado luchando durante treinta años se desmoronará en un momento y, aunque Soros no ha conseguido entrar desde aquí ni desde allá, entrará desde Ucrania. Ese es el riesgo.

Luego intentaron meternos en el asunto por todos los medios. Todos los días amenazaban, chantajeaban y golpeaban a Viktor. Mientras Bruselas quería dar dinero a Ucrania, no quería dar a Hungría el dinero que se le debía. Siempre hubo una objeción a que Hungría lo recibiera. A que lo reciba Ucrania nunca se opone nadie. Al final, conseguimos el dinero porque había demasiado conflicto. Resultó que no éramos nosotros los que estábamos atrapados, sino ellos. Pero el tira y afloja, la batalla de nervios continúa, al igual que la guerra, por el momento. Aunque para creer que Ucrania ganará hay que ser europeo occidental o estadounidense, porque en el resto del mundo nadie lo ve como una opción.

Así que la historia no ha terminado. El mundo unipolar carecía de un enemigo, por lo que Estados Unidos carecía de una ideología, de una fuerza cohesionadora: necesitaba un enemigo. Al final, los estadounidenses se metieron en esto por sus intereses a corto plazo, mientras que los rusos parecen ser capaces de pensar en términos de estrategia a largo plazo. Exagerar y subestimar a los rusos, con relación a lo que realmente son capaces de hacer, ha demostrado ser un grave error. Y desde el punto de vista de Rusia, parece bastante claro que la ofensiva en Ucrania no es para ganar territorio, sino para doblegar a Ucrania y, sobre todo, a Occidente (al principio, por supuesto, esta guerra era para doblegar a Rusia, pero luego cambiaron las tornas).

La historia está, sin duda, en un presente perfecto continuo, es decir, sigue su curso. Esto presenta tanto oportunidades como amenazas. En ninguna parte está escrito que haya que vivir en una democracia de tipo liberal, y menos aún que todo el mundo tenga que vivir en una. Se abren profundidades vertiginosas y amenazantes.

Soros quiere restaurar la hegemonía estadounidense, y Viktor quiere decir que se puede estar bien con todo el mundo, que no hay que comprometerse, que hay margen de maniobra. También es un mensaje a todos para que lo hagan. «Esto es lo que tenéis que hacer, chicos, hacedlo como yo y así tendréis éxito». Es la razón por la que, por ejemplo, rivales tan obstinados como Serbia y Hungría se encuentran de repente inmersos en una cooperación sin precedentes. ¿Cómo es eso? Pues así son las cosas.

* * *

La batalla contra el imperio de Soros no ha terminado. Soros es como una hidra, un sistema que no puede ser derrotado de un solo golpe. Están extendiendo un fango en Europa occidental, en el mundo árabe, en el sudeste asiático, que es extremadamente tóxico, y la historia continúa. Los que lucharon en la segunda guerra púnica no sabían que habría una tercera cincuenta años más tarde. Solo sabemos lo que hay ahora.

Viktor sabe que Soros querrá vengarse, porque siente que Viktor solo ha ganado una batalla, no la guerra:

> «Una de las razones por las que Soros sigue vivo es que quiere derrotarnos como sea, lo que comprendo. No quiere pasar al otro mundo sin haber eliminado a su oponente en el país que más le importa. Sé que estoy tratando con un hombre cabreado al que

el tiempo apremia. El tiempo está de mi parte, no de la suya. Debería ganar la batalla no solo contra mí, sino también contra el tiempo. Lo que significa que se concentrará cada vez más en Hungría. Todas estas personas con un ego tan enfermizo se sienten presionadas por el tiempo, porque sienten que el tiempo juega en su contra y quieren que se cumplan sus visiones, y por eso caen en comportamientos cada vez más radicales y extremos. Este es el problema que tiene, y no hay normas que le limiten. Soros es capaz de todo. Ni las normas adquiridas externamente, como las que aprendemos en nuestra educación, ni las convicciones internas, ya sea la creencia en Dios o la lealtad a una nación, le limitan a la hora de hacer lo que haga falta para lograr su propósito. No existen tales límites. A primera vista, uno pensaría que esto le haría más fuerte y le colocaría en mejor posición, pero no es así».

También está su hijo Alex, al que Viktor no conoce. Alex no ha tardado en reorganizar el sistema de fundaciones. Una a una, ha desmantelado las oficinas de las Open Society Foundations en Europa. Se han producido despidos a gran escala en Londres, Bruselas, Barcelona y Berlín. Según informes de la prensa, habrá unas reducciones en torno al 80%, en Europa y alrededor del 40% a nivel mundial. La explicación de estos movimientos radicales es que Alex quiere concentrarse principalmente en los territorios no pertenecientes a la UE, los Balcanes y, por supuesto, Ucrania, y está movilizando todos los recursos para impedir la elección de Trump en Estados Unidos.

También dicen que quiere una Fundación Soros más política, más directamente politizada que la de su padre, y que tiene a Hungría pintada en su mapa con los mismos colores que todos los demás países. Su padre no la tenía. Para el tío George, este es su país y por eso tenía un compromiso particular con él, cosa que no sucede con Alex. El chico solo quiere una simple victoria. Si tiene algún deseo de venganza, o alguna animadversión especial hacia Viktor, es solo porque, obviamente, ve que aquí es donde su padre es vilipendiado con más frecuencia, y los chicos lo notan.

1919

En todo el mundo se percibe el final de una época. Tenemos un presentimiento malo, vemos la desintegración de lo que creíamos que era un mundo estable, e inconscientemente sentimos que estamos al borde del abismo. Como predijo el visionario poeta William Butler Yeats en su *El segundo advenimiento*:

> Todo se desmorona; el centro cede;
> La anarquía se abate sobre el mundo,
> Se suelta la marea de la sangre, y por doquier
> Se anega el ritual de la inocencia;
> Los mejores no tienen convicción, y los peores
> Rebosan de febril intensidad.
> [...]
> ¿Y qué escabrosa bestia, llegada al fin su hora,
> Se arrastra hasta Belén para nacer?[30]

Yeats escribió estas líneas en enero de 1919, dos meses después del final de la Primera Guerra Mundial. De algún modo, tenía la sensación instintiva de que la paz pronto daría paso a horrores aún mayores: ¿qué nuevo tipo de salvaje se arrastraría para nacer en Belén?

* * *

Hablando de la Primera Guerra Mundial, el punto de inflexión de la guerra no fue 1916, ni 1918, sino la Revolución Rusa, en que se alumbró al marxismo. En los años 60 y 70, en Occidente se pensaba que el

30 Traducción de Antonio Rivero Taravillo

experimento ruso no era un error, que se podía hacer bien, pero que había que volver a Marx. Y es que Marx creía que la revolución debía haberse lanzado en los países más ricos, no en los más pobres. Por eso, las últimas décadas de Occidente han estado bajo el hechizo de Marx y, por eso, Soros es de hecho un nuevo Marx. Él, como su predecesor intelectual, ha perdido su alma y su corazón está habitado por un demonio. Cuando el coautor del *Manifiesto del Partido Comunista* estudia en Berlín y, habiendo interrumpido sus estudios de Derecho, empieza a dedicarse a la poesía tras la carrera de Filosofía, su padre se muestra cada vez más desesperado por ver lo que le ocurre al alma de su hijo. En una de sus cartas le escribe: «Tu corazón lo mantiene vivo y controlado un demonio, un demonio que no todos los hombres llevan dentro. Me pregunto qué clase de demonio hay en ti, ¿celestial o fáustico?». El muchacho responde a esta pregunta con su poema *La doncella pálida*:

> Así, el Cielo que he perdido,
> Lo sé muy bien.
> Mi alma, una vez fiel a Dios,
> Es elegida para el infierno.

Parece que estamos viviendo el fin de esta obsesión ideológica, de este mundo infernal. Solo que este mundo ya no se llama marxismo, se llama orden mundial liberal. Pero si le quitas la etiqueta, ves que —milagro entre los milagros— hay exactamente lo mismo en la caja.

Los que todavía lo defienden ya no son Jürgen Habermas ni John Rawls, sino figuras de décima categoría. Sus argumentos carecen de vitalidad intelectual y lo que dicen —y cómo lo dicen— hace tiempo que perdió su fuerza intelectual y la confianza en sí mismos. Sus argumentos son de un nivel lamentable y, por lo demás, repiten como loros textos antiguos. Y aunque este mundo liberal es increíblemente poderoso, sigue su propio camino y es muy, muy difícil de derrotar; ahora está envuelto en una capa intelectual muy fina, que apenas lo cubre.

Frente a este orden intelectual en desintegración y frente a uno de sus representantes más importantes, el húngaro George Soros, otro húngaro, Viktor Orbán, ha construido otro mundo intelectual y político cada vez más poderoso.

* * *

Todos los grandes conflictos del mundo pueden describirse como un duelo entre ellos dos, solo hay que ver lo que ocurre hoy en el mundo. Viktor se opone a la inmigración, Soros la apoya. Viktor quiere la paz, Soros quiere que continúe la guerra. Viktor está a favor de la conectividad, Soros está a favor de los bloques. Viktor defiende la soberanía nacional, Soros la ataca. Viktor es demócrata pero no liberal, Soros es liberal y no demócrata. Viktor jura por el concepto tradicional de familia, Soros se enfrenta a ella difundiendo la teoría de género. Viktor se alza sobre el pedestal de la cultura cristiana, Soros sobre el pedestal de la nada. Todos los problemas de nuestro tiempo se resuelven sobre bases morales y políticas en el conflicto entre los dos, y esto muy raramente cobra materia de esta forma. Pero ahora lo hace.

* * *

Por ello, Viktor entró sistemáticamente en una lucha liberal-antiliberal, buscando conscientemente ofrecer una alternativa al paradigma dominante existente. También sabía que un cambio de paradigma siempre provoca una resistencia considerable, por lo que se encontraría con una oposición aplastante. Pero, en realidad, fue Soros quien arrastró a Viktor a esta lucha liberal-antiliberal, porque pretendía hacer que Viktor encajara perfectamente en el orden —ideológico, intelectual, lingüístico y político— de Soros, o que se rebelara. Pasase lo que pasase, Viktor quería ganar.

Así que la lucha entre ambos puede entenderse como dos mundos opuestos, en conflicto, cada uno con sus propios fundamentos. Pero también puede entenderse como una lucha literal, en la que cada bando observa todos los puntos débiles del otro y ataca allí donde ve que el otro es más vulnerable.

Lo único que ha hecho Viktor es plantearse cómo organizar el poder sobre una base mayoritaria en un sistema democrático. Ha razonado que queremos arrebatarles su mayoría y queremos hacerlo sobre sus puntos débiles. La democracia es el poder de la mayoría. Donde somos más, tenemos que asediar al otro, en todos los puntos que ya son graves problemas para el liberalismo, como la cuestión LGTBI y de género, la inmigración o los problemas de convivencia social. Esta estrategia ha sido necesaria porque el liberalismo es fuerte y resulta atractivo a la gente. Así que había que buscar puntos en los que, atacando al otro mundo, se descubriera que no es tan atractivo y se pudiera quitar de en medio a la mayoría, para luego construir el propio.

Soros hizo exactamente lo mismo. Quería encontrar los puntos débiles del mundo de Viktor: la corrupción, la falta de solidaridad en la política de refugiados, la homofobia, el prorrusismo... y lanzó un ataque contra ellos.

Viktor pensaba que a este mundo no se le puede vencer con la persuasión. Tan grande es el poder abrumador del otro que solo la política puede invertir el equilibrio de fuerzas y darle una pedrada a Goliat. La realidad le ayudó en esto, y en ella se incluye desde la realidad biológica (que los seres humanos sólo pueden ser de sexo masculino o femenino) hasta la realidad política (lo que se puede y no se puede hacer). Y Soros tiene el lavado de cerebro. Para hacer atractivas sus debilidades, tiene que trabajar en el cerebro de la gente; un ejemplo es la política contra la pena de muerte en EE. UU. Cuando Soros dice que la abolición de la pena de muerte es buena porque te hace humano, esa no es una experiencia directa de los seres humanos. O está la lucha contra Viktor, donde han hecho sistemáticamente este trabajo. Ya no hace falta que te diga por qué no debes colaborar con Viktor, porque al decir esto y lo otro, Viktor ya ha perdido el tren. Orbán es malvado, porque los que dicen esas cosas son malvados.

Al mismo tiempo, Soros ha ayudado con esto a Viktor. En política existe la mala publicidad, que no siempre es mala. Los que atacaron a Viktor, en realidad lo estaban fortaleciendo y, de hecho, resultaron ser idiotas útiles. Gracias a ellos, Viktor se ha convertido en un icono mundial. Es una estrella internacional con poder, influencia y un fuerte carisma intelectual. También es el seguro de vida de Viktor contra Soros porque, a partir de ahora, la cuestión de Soros ya no es solo una cuestión húngara.

* * *

Lo vemos todo, por supuesto, a través de la perspectiva de los húngaros, y es lo correcto. Pensamos que esta lucha es sobre nosotros, pero en realidad no lo es. A nadie le importa Hungría y Hungría no cuenta, somos un campo de batalla secundario. El principal escenario de la guerra está en Bruselas y, ahora, en Washington.

Soros ha recibido mucho dinero y tiene que llevar a cabo actividades subversivas en Europa, en la periferia, manteniendo a Bruselas intacta, para mantener la hegemonía estadounidense, la influencia exclusiva dentro de la Unión. Así que Soros se ha apoderado de Bruselas, está tratando de extender las fronteras de esta zona hacia el exterior, está organizando aquí las revoluciones de colores. En resumen, esta es la tarea que se le ha encomendado a Soros.

Lo que está en juego en las próximas elecciones al Parlamento Europeo[31] es también cuánto tiempo puede ejercer su control sobre Bruselas, porque por ahora la tiene bajo control, pero con cada elección europea, esta capacidad se debilita y el control del puño cede lentamente. Así que esta es la apuesta más importante en las elecciones europeas de 2024. También es la apuesta de la Fundación Soros. De eso se tratará la batalla.

Mientras tanto, la UE se está debilitando lentamente: está perdiendo competitividad, ha perdido su capacidad de actuar con independencia y también se ve incapacitada para resolver problemas. La UE podría ser

31 Las elecciones al Parlamento Europeo de 2024, celebradas en todos los países de la UE entre el 6 y el 9 de junio de 2024. En ellas, Fidesz obtuvo un récord de 2.042 millones de votos, el 45% del total.

buena y fuerte si se dedicara a cooperar y a aprovechar las ventajas del mercado común. Habría que alinear los puntos fuertes y abordar los débiles: esa sería la política de Viktor para Europa. En cambio, Soros quiere un superestado que trate a los Estados como provincias. Quieren dejar atrás el mundo de las naciones, califican de edad de piedra el concepto tradicional de familia y dicen: nada de fronteras protegidas, que los indigentes del mundo se mezclen con los nativos. En esta Europa debilitada, los EE. UU. pueden hacer valer su influencia sin ningún problema.

Los años de transición poscomunista han terminado y el orden mundial unipolar se ha acabado. Todo se está reordenando, y la tarea de Soros es poner a Estados Unidos en la mejor posición posible en este nuevo contexto. Lo que esto significa para nosotros es que Europa, incluida Hungría, debe ser mantenida en un estado económica y políticamente subordinado a los objetivos estadounidenses.

Sin embargo, Hungría es un país fronterizo, la frontera del mundo occidental. Si se produce una escisión, seremos una periferia insignificante, como lo fuimos en la época de la Unión Soviética: no éramos importantes ni para el Este ni para el Oeste. Si esto vuelve a ocurrir, perderemos todo nuestro potencial y todo el duro trabajo de los últimos treinta o cuarenta años se echará a perder.

Así que lo que estamos viendo ahora es la respuesta húngara al cambio. Hay un reordenamiento, y Hungría debe encontrar su lugar en él. De alguna manera, la respuesta no consiste en formar parte de la hegemonía estadounidense, sino en adoptar una posición al borde del mundo occidental que pueda atraer todos los recursos del Este a la política exterior y la economía húngaras. Ya sean rusos, árabes, chinos o coreanos. Necesitamos involucrar todos los recursos que son esenciales para que tengamos relaciones tanto con Occidente como con Oriente. La conectividad, traducida vagamente, significa no ser una periferia. Si el plan funciona, Hungría podrá cooperar con Occidente y Oriente como ningún otro país del mundo.

El plan es bueno. Pero, ¿por qué lo deberían permitir? No lo harán. Lo que está pasando en Hungría no solo no está permitido, sino que está contraindicado. Están trabajando con ahínco para que Hungría no pueda mantener este peligroso contraejemplo. El objetivo es quitárselo de en medio lo antes posible, y la situación es realmente peligrosa. Los periódicos financiados por Soros se están apoderando del espacio editorial de la oposición política, con llamamientos a dejar en paz a los políticos y lanzar una operación a principios de 2024 que acabará con la dimisión de la presidenta de la República y de la exministra de Justicia, futura líder del grupo de Fidesz al PE, y su retirada de la vida pública. Una cacería y una amenaza inminente contra su vida. No se tolerará la desobediencia. En cada oportunidad que se les presenta nos amenazan, chantajean o directamente nos intentan asustar para que no lo hagamos. Lo que pasa es que ahora no estamos en un mundo como el del orden mundial soviético-estadounidense, en el que, si los dos grandes se han puesto de acuerdo y uno obtiene permiso del otro, nos pisa el pecho con su bota[32]. Ese no es el mundo que tenemos ahora. Ahora cada

32 La división de Europa pactada por las grandes potencias durante la Guerra Fría.

país es importante para el otro. Hoy somos importantes para Estados Unidos, pero también para Rusia, China, los países balcánicos y los árabes. Hoy no es como hace treinta años, en que la gran potencia venía y te aplastaba. Hay margen de maniobra. Y si Hungría es lo suficientemente valiente e inteligente, puede utilizar este margen de maniobra en su beneficio. Para eso trabaja Viktor, y Soros trabaja para que eso no ocurra.

Si lo de Budapest contra Bruselas es algo temporal o cuajará como un orden mundial está por ver, pero se están tejiendo alianzas. La América demócrata debe rezar muy fuerte para que Trump no vuelva, porque eso podría ser un punto de inflexión decisivo y un empujón: la guerra en Ucrania habrá terminado y entonces la corriente dominante liberal europea quedará muy mal parada.

Que la línea de Viktor tenga posibilidades de éxito en el mundo depende en gran medida de otros. De la dirección en la que gire el mundo. En otras palabras, de si la remodelación económica y estratégica del mundo fortalecerá a las fuerzas políticas que, digámoslo así, tienen los pies en el suelo. En otras palabras, si los soberanistas se fortalecerán frente a los globalistas. Si, además, se produjese un desplazamiento del poder hacia China, India o los BRICS[33], la historia quedará en entredicho. Entonces puede que incluso ganemos, y veremos que los pequeños se hacen grandes, y que la política de Viktor puede convertirse en una potencia mundial, porque el mundo resuena.

Los conservadores estadounidenses también ven que Soros tiene 93 años y está perdiendo impulso. El

33 Brasil, Rusia, India, China y la República de Sudáfrica

anciano puede haber sido un «filántropo», pero Alex no lo es, y es poco probable que tenga la capacidad de gestionar las redes que tenía su padre. Si Donald Trump es reelegido en noviembre, si Israel sale victorioso del conflicto con Hamás e Irán y puede eclipsar a las ONG de Soros, la luz de la red de Soros se apagará lentamente. Porque, aunque haya otros (Bill Gates, Bill Clinton y otras fundaciones globales), la gente es más desconfiada y mira a Estados Unidos de forma diferente a como lo hacía en los años noventa.

Así que necesitamos un gran avance. Si no es así, el éxito de Viktor nos habrá hecho ganar tiempo y facilitado una o dos décadas más de normalidad. Si el mundo no se mueve, lo único que podemos hacer es molestar y poner de los nervios a todo el mundo. Como dijo el Dalai Lama: se puede subestimar al mosquito, pero intentar dormir con él... y pocos apostaríamos a que no habrá una tercera guerra púnica en algún momento...

Sin fecha

Si Dios existe.

La batalla entre Viktor y Soros es como la batalla entre algún lugar (*somewhere*) y cualquier lugar (*anywhere*). No hay nada malo en estar en cualquier parte si puedes estar en algún lugar en el proceso, pero la apuesta de Soros es por la dominación de cualquier lugar.

El mundo de cualquier parte, del *anywhere*, puede ganar si consigue encontrar una generación de personas capaces de romper con la raigambre de lo que somos. Porque toda esta lucha no es solo sobre inmigración, o naciones, o género, sino sobre dos fuerzas mundiales opuestas, y sobre la cuestión de si creemos que hay un orden que nos trasciende, que no tenemos poder para cambiar, donde el origen, los lazos de sangre, la pertenencia es un principio motivador importante. O decimos que no existe tal orden y lo dejamos ir, que el único principio rector es que puedes estar en casa en cualquier parte y no importa a quién perteneces o a quién estás atado o con quién estás ligado por lazos y obligaciones. Al individuo del tipo de Soros no le importa de dónde viene: no es francés, ni polaco, ni alemán. Puede estar en casa en cualquier parte y no tiene a dónde volver. Es una especie de estado de irresponsabilidad infantil. Mientras que la lucha de Viktor es muy cristiana: ¡Toma tu cruz y hazlo! Tienes una comunidad de la que no puedes separarte, puedes ir a cualquier parte, pero volverás, porque estás en algún lugar. Perteneces a esta tierra. Toma tu cruz, asume tu responsabilidad, y juntos construiremos una nación de éxito.

El conflicto entre las dos fuerzas mundiales es irresoluble, y es también un conflicto metafísico o teológico.

Según Soros, el mundo en que vivimos puede cambiarse, podemos reajustar sus cimientos. No existe un orden preestablecido que no pueda ser modificado por la voluntad y la intención humanas. Para bien o para mal. Lo que es bueno y lo que es malo lo determinamos únicamente nosotros: el que es más fuerte, el que tiene más dinero, el que se inventa una historia mejor sobre sí mismo, el que consigue que lo vean como a la encarnación del Bien y que vean a su oponente como el Mal. Soros es el filántropo, el benefactor que quiere el bien y hacer del mundo un lugar mejor. Como Viktor va en contra de esto, Viktor solo puede ser malvado y ruin.

Y la historia desde el punto de vista de Viktor es que lo que haces y lo que te hacen es algo bueno según la doctrina, y se incorpora al mundo que dejas atrás. De hecho, no obtendrás tu recompensa en el cielo, sino que ésta será tu recompensa. Y el castigo, la condena, es que, si estabas en el lado equivocado, después de la muerte todo lo que hayas hecho se borrará, se destruirá contigo, como si nunca hubieras existido, como si nunca hubieras estado aquí, como si nunca hubieras nacido. Viktor dice que él es la salvación, Soros está en el camino de la condenación. No solo caerá por el tamiz del tiempo, es peor que eso. Porque cuando llegue el momento de ir de nuevo a la guerra por el bien del mundo, Soros será invocado como el demonio que ya ha estado antes en la tierra y al que siempre hay que enfrentarse. Su nombre será para siempre el nombre de la condenación, y nunca será mencionado en el bando de los buenos, siempre lo será en el de los malos, y no serán los soldados del bando de los malos los que mencionen su nombre, sino los soldados del bando de los buenos, igual que los soldados que lucharon en las cruzadas, para que sea siempre contra tales demonios contra los que se libre la batalla.

Y, por supuesto, también se puede considerar que Viktor y Soros son como los dos papas. Cada uno tiene su propia verdad y su propio pecado original. Lo que representa Viktor tiene su atractivo y lo que representa Soros también, porque viene de tu interior, es decir, de tu voluntad de ser libre porque no aceptas las limitaciones que te imponen.

Cuando la encarnación del mal intrigante, el odiado Richelieu, muere de pleuresía en diciembre de 1642, el campesinado acosado por los impuestos estalla en júbilo. Durante la revolución, se abre incluso su tumba, y su cadáver, como el de los traidores, es decapitado y arrojado al Sena. Todo lo que queda de él, el cráneo del torso, es finalmente escondido por los monjes en la iglesia de la Sorbona.

Se dice que, cuando el papa Urbano VIII fue informado de la muerte del cardenal Richelieu, dijo: «Si Dios existe, el cardenal Richelieu tiene mucho por lo que responder. Si no existe... Bueno, entonces ha sido un hombre de éxito».

Si Dios no existe, Viktor y Soros tienen igualmente razón. Ambos están en la misma posición, ambos reciben el mismo juicio, uno solo quería esto y el otro quería aquello, y ¿en qué nos basaríamos para elegir entre los dos?

Pero, si existe...

Epílogo

Justo entonces.

Estoy en el cine viendo una película sobre Napoleón dirigida por Ridley Scott. Y justo cuando Napoleón dice, en mitad de la película: «Estoy seguro de que hoy mi ejército obtendrá otra victoria», suena mi teléfono.

Es Viktor.

Me levanto y salgo de la sala de proyección, cojo un taxi y en veinte minutos estoy en el Convento Carmelita. Empieza la charla con un ligero resquemor porque, al tener que esperarme, como no he llegado enseguida, ha decidido dormir un rato (unos 7-8 minutos). Luego continúa: «He oído que estás escribiendo un libro sobre Soros. Lo que quería decir es que, a diferencia de los autores de libros a favor, que por todas partes describen a Soros como un hombre de negocios y filántropo de origen húngaro, yo no lo considero de origen húngaro, sino un hombre húngaro. Y lo considero como tal no solo en el derecho formal, sino también en la realidad. Si George Soros se encuentra alguna vez en peligro en algún lugar, puede contar sin duda conmigo y con el Estado húngaro. Porque es un hombre húngaro, un ciudadano húngaro que debe ser rescatado si está en peligro. Aunque, al mismo tiempo, también sea cierta mi otra afirmación sobre él, que la izquierda también está en la nación, como la calamidad en el Himno nacional, y él es esa parte de nuestra nación que es el azote de Dios. Pero sigue siendo parte de nuestra nación».

Mientras me iba, no dejaba de pensar que, aunque no puede haber avenencias en la lucha entre Viktor y Soros y su lucha es irreconciliable, es como si hubiera algo en ellos que no solo eleva su lucha, sino que eleva ese algo por encima de ella.

Porque, aunque Soros sea implacable, está convencido de que los líderes políticos van y vienen, pero la universidad es eterna. Así que, cuando todo esto termine y Viktor ya no sea primer ministro de Hungría, su universidad volverá a este país y descubriremos quién o qué es más perdurable que el mineral. Porque Soros ciertamente no aceptará que ha sido derrotado aquí hasta el día de su muerte. Así que aún queda trabajo por hacer. Y mientras haya tarea, habrá lucha. Sin embargo, poco después, me entero de que, supuestamente, Soros ha hecho testamento para que, cuando abandone el mundo de los vivos, sea enterrado en el cementerio de Farkasrét, en Budapest.

Me pregunto qué es lo que busco, qué es lo que me inquieta, qué es lo que hace que este duelo sea elemental y, efectivamente, ¡ahí está! Son húngaros o, dicho de otro modo: así somos los húngaros. Un pueblo que ha sufrido mucho y que asombra al mundo. Uno es húngaro, el otro también, o podría haberlo sido... En fin, solo nosotros, los húngaros, podemos ser tan interesantes, porque solo nosotros vamos a la batalla con la actitud de «¡Dios, no ayudes, solo asómbrate!».

Agradecimientos

El libro *Orbán contra Soros* fue escrito tras una exhaustiva investigación. Leí todo lo que pude sobre los dos protagonistas de nuestra historia y hablé con todas las personas que consideré que podían merecer la pena. Hay algunos que aceptaron mi invitación a la charla, pero no quieren atención pública y hay otros a quienes corresponde un agradecimiento personal y que sean mencionados por su nombre aquí y ahora. Agradezco las valiosas charlas, entre otros, a Dorottya Baczoni, Zsolt Bayer, Márton Békés, János Betlen, Gábor Fodor, Péter Csermely, András Giró-Szász, János Gyurgyák, Gábor Horn, Zoltán Kovács, Collin McMahon, Zsolt Németh, Viktor Orbán, Bernadett Petri, József Szájer, Réka Szemerkényi, Attila Várhegyi y Vilmos Velkovics. Gracias al personal del Instituto Siglo XXI por sus contribuciones ocasionales. Gracias a Rajmund Fekete y Márton Soltész por su concienzuda edición. Fueron rápidos y precisos. Debo un agradecimiento especial a Mária Schmidt por sus ideas, sus historias, sus consejos, sus perspicaces desciframientos, sin los cuales, por un lado, no habría libro y, por otro, si lo hubiera, no sería este libro. Por último, y, sobre todo, doy las gracias a mi mujer, Zsófi, por su apoyo, paciencia y atención.

Este libro se terminó de
editar en Madrid
el 19 de marzo de 2025,
festividad de San José.

BIBLIOTHECA HOMO LEGENS

Made in the USA
Monee, IL
13 September 2026

62988802R00121